DE LEUGENS VAN GELD:

WIE BEN JE AAN HET ZIJN?

DR. LISA COONEY

TESTIMONIALS

Simply the best! Dr. Cooney is een uitstekende therapeut met meelevende en behulpzame methoden. Ze is een uitstekende bron voor iedereen die hulp nodig heeft en biedt ook geweldige ondersteuning bij verslavingsherstel.

Dr. Lisa was een zeer goede match voor wat ik zocht en voor wat ik nodig heb in een therapeut. Ze daagt me uit wanneer ik uitgedaagd moet worden, luistert wanneer ik een luisterend oor nodig heb, en checkt tussen sessies door in bij mij om zeker te zijn dat ik vooruitgang boek. Ik heb ook de indruk dat ze haar aanpak aanpast aan onze sessies op basis van mijn individuele behoeften, wat me vertrouwen geeft in haar capaciteiten en me helpt haar advies te vertrouwen.

Dr. Lisa (zoals ze meestal wordt genoemd) is een getalenteerde therapeut/healer/practitioner die echt de gave heeft om precies datgene te channelen wat nodig is voor elk van haar cliënten, of het nu traditionele gesprekstherapie is of iets buiten de gebaande paden. Ze is een uitstekende luisteraar, empathisch, intuïtief en meelevend. Ze voelt met je mee. Ze werkt om te begrijpen.

Dr. Cooney is zeer attent en biedt de therapiemethode die aansluit bij mijn verwachtingen over hoe therapie gestructureerd moet worden om waardevol te zijn. Ze luisterde naar mijn gewenste resultaten, en de dingen die in het verleden voor mij hebben gewerkt, en paste haar aanpak voor onze sessies aan om aan die wensen te voldoen. Ze volgt tussen onze sessies door af en toe op en ik vind dat dit verder gaat dan wat ik had verwacht, gezien het aantal patiënten dat ze waarschijnlijk heeft. Ze heeft ook haar schema aangepast om mij in te plannen toen ik een conflict had enkele dagen voor onze geplande sessie en was in staat om snel een nieuwe afspraak te regelen, zodat ik niet achterop raakte in mijn vooruitgang. Over het algemeen zou ik Dr. Cooney ten zeerste aanbevelen vanwege haar combinatie van professionaliteit/personalisatie en haar duidelijke expertise in de onderwerpen die ik wilde bespreken.

Dr. Lisa is empathisch, begripvol en ongelooflijk effectief. Ik heb nog nooit zo goed met een therapeut verbonden. Ik was eerlijk gezegd verrast hoe goed en hoe snel ze me begreep en hielp. Ik kan haar niet hoog genoeg aanbevelen; ze heeft me echt geholpen mijn leven ten goede te veranderen.

DANKWOORD

Dank aan alle culturen, landen en mensen die me hebben uitgenodigd om deze workshop "Leugens van geld" in hun eigen taal te faciliteren. Het was een groot voorrecht om verandering te ondersteunen in jouw taal, in jouw land, en in jouw relatie met geld, vooruit en achteruit.

Je losmaken van onze culturele en etnische financiële kooien is net zo belangrijk als het creëren van je eigen financiële realiteit. Misbruik, in welke vorm dan ook, hoort niet thuis op deze planeet. Dat geldt ook voor het misbruik dat je jezelf aandoet door iemand anders te zijn met je geld, door iets anders over jezelf te denken, en door het verhaal te geloven dat nooit bij je paste. Verander jezelf, en je verandert de wereld om je heen.

Nu, ga ontvangen wat het universum bereid is te geven. Heb het, hoe dan ook! Ik daag je uit...

Dit boek is opgedragen aan iedereen die worstelt met geld.
Aan jullie allemaal die het gevoel hebben dat de schulden of
financiële zorgen waarin je zit een groot zwart gat vormen
waar je nooit uit zult klimmen of verder zult komen.
Voor jullie allemaal die je verloren, verward, onbeweeglijk,
doodsbang en machteloos voelen om je financiële realiteit te
veranderen, deel ik deze woorden met jullie als een baken
om je erdoorheen te loodsen.
Je kunt een andere keuze maken.
Je kunt het leven hebben dat je wenst.
Je kunt het geld, contant geld, valuta, investeringen en
vakanties creëren die je wilt.

Kies voor jezelf
Verbind je aan jezelf
Werk samen met degenen die samenzweren om je te zegenen
Creëer jezelf

INTRODUCTIE

Je hebt nu een goudmijn in handen. Of op z'n minst een flinke stapel cash en geld op de rekening – welke je ook wilt (want zoals ik heb gemerkt bij duizenden cliënten over de hele wereld, is er een verschil).

Maar dit boek gaat niet alleen over geld... Het gaat over de leugens van geld. En, heel eerlijk, als je daar niet tot de kern van doordringt, zullen ze je als een bal aan een touw aan een paal vastbinden, steeds weer ronddraaiend in dezelfde baan.

Het zal je misschien verbazen dat deze leugens van geld niets te maken hebben met echt contant geld of geld, maar alles te maken hebben met wat je gebruikt om je 'geldstroom' – of het gebrek daaraan – te creëren in je bankrekening, portfolio, investeringen, chequeboek, en in je portemonnee op dit moment.

Met andere woorden, het manifesteert zich allemaal als jouw financiële realiteit.

Klinkt dit als een enorme opgave of een beetje overweldigend?

Als het dat doet, zul je blij zijn om te ontdekken – net als de mensen die deze workshops persoonlijk bijwoonden – dat het enige wat nodig is om een nieuwe financiële realiteit voor jezelf te creëren, een verschuiving van één graad is. En iedereen kan dat doen, inclusief jij.

Zoals je zult zien, zodra je erin duikt en kijkt, begint de kooi van leugens en beperkingen te rammelen en vervolgens in te storten. En dan begint de waarheid zich te openbaren. Maar hoe verhoudt dit zich tot geld?

Omdat geld een energie is, net als alles. Wij zijn energie. We hebben ATP in elke cel van ons lichaam, adenosinetrifosfaat. Dat is de spirituele energie, onze zielafdruk-energie. Wij hebben een fysieke vorm. Geld heeft een fysieke vorm. We zijn allemaal energie, maar we scheiden het door deze leugens.

Geld is niet het probleem – wij zijn het.

Het heeft niets te maken met iets buiten ons en alles te maken met wat er binnen in jezelf zit, en wat jouw overtuigingen zijn. Het gaat om wat je ervan denkt, wat je erop projecteert, wat je het voor jou laat betekenen, hoe je jezelf definieert en of je het wel of niet hebt.

Dit boek staat vol met lessen die ik heb gehaald uit enkele geweldige workshops, of "Tasters" zoals ik ze noemde, over de **Leugens van Geld** die ik in verschillende delen van het land heb gehouden. Helaas zijn er bepaalde leugens over geld die op geniepige wijze door individuen, hun families en hun culturen circuleren, van generatie op generatie doorgegeven. In meer dan 20 jaar privépraktijk, groepspraktijk en internationale praktijk heb ik gezien dat geld een van de drie belangrijkste redenen is waarom mensen naar mij komen (de andere zijn gezondheid en relaties).

Ik begon te merken dat er een patroon was bij mijn cliënten met hetzelfde 'voorgelegde probleem': ze konden geld creëren, maar ze hielden het nooit vast of het houden. Anderen hadden het gevoel dat ze geen geld konden creëren – en daarom konden ze het ook niet hebben.

Als je dit boek leest, vermoed ik dat je je eigen ervaring ergens in deze pagina's zult herkennen en als gevolg daarvan je eigen verschuiving van één graad zult beginnen te maken. En wanneer je dat doet, heb ik mijn werk gedaan.

Want de leugens van geld gaan in werkelijkheid over het confronteren van deze drie vragen:

- *Wie ben ik aan het zijn?*
- *Wat ben ik aan het zijn?*
- *Welke leugen koop ik voor waar aan?*

Geloof me, dit is geen werk voor de zwakken.

Maar het is voor degenen onder jullie die klaar zijn om je ROAR® te leven – wat ik jouw Radicaal Orgastisch Levende Realiteit (Radically Orgasmically Alive Reality) noem.

Het is werk voor de woeste ROAR® binnenin je die zegt: "Niet meer. Het is niet langer de moeite waard om je achter die leugens te verschuilen."

En, weet je, dat is het echt niet. Dus, kom je geld halen...

Want geld in jouw handen zal de wereld veranderen.

STAREND NAAR DE NUL

"Ik ga jullie vanavond een klein voorproefje geven van de leugens van geld" herinner ik me dat ik tegen mijn levendige publiek op Maui zei toen ik daar een workshop gaf over de Leugens van Geld. Het was een vijfdaagse, intensieve workshop waarin we probeerden lagen en lagen van trauma, oordeel, zelfoordeel en nog veel meer af te pellen voor alle mensen die voor deze ervaring waren gekomen. Het is altijd een voorrecht en een enorme verantwoordelijkheid wanneer mensen hun vertrouwen in je stellen en verwachten dat hun diepste wonden door jouw toedoen zullen genezen. En het delen van het verhaal van die workshop is een andere zegen die me in staat stelt om me te verbinden met jou, mijn lezerspubliek. Dus, laten we beginnen...

Het is zo interessant wanneer we het over geld hebben, omdat het vaak een energie van vastzitten met zich meebrengt. Er zijn drie hoofdleugens over geld, en als je ze bekijkt, zul je ontdekken dat het deze aannames in jezelf zijn die de financiële realiteit creëren die eigenlijk niet jij bent. Maar je gelooft dat het wel jij bent.

Nu kan dat even prikkelen in je gedachten en je kunt je verloren voelen.

Ik hoop dat je geest zich zal verruimen terwijl je dit leest, omdat wat we allemaal met onszelf hebben gedaan rond dit onderwerp geld in feite een radicale eliminatie is van onze creatieve, fenomenale briljantheid.

dat je een goede keuze kunt maken? Geeft het je iets luxueus? Wat geeft het je nog meer? Lachen?

Waarschijnlijk denk je nu dat geld je veiligheid, vermaak, luxe, enzovoorts geeft. Dat is ook wat mijn deelnemers in Maui zeiden. In werkelijkheid werkt deze wereld met geld, en toch houden zoveel mensen geld van zich af voor allerlei leugens. Ik ga drie van deze leugens behandelen die werken als een gat in je zak.

Stel je nu geld voor. Persoonlijk bewaar ik mijn geld veilig in mijn portemonnee, vaak vergezeld door honderd-dollarbiljetten, allemaal bij elkaar gehouden door een 14-karaats gouden geldclip. Het is behoorlijk zwaar – zelfs de wind waait het niet weg.

Wanneer ik naar dit veilig opgeborgen geld kijk, maakt het me blij. Wanneer ik het in mijn hand houd, voel ik me krachtig. Ik voel me creatief. Het voelt opbeurend wanneer ik een beetje ga winkelen en wat van het geld gebruik.

Wanneer ik dit geld in mijn portemonnee houd, weet ik dat alles mogelijk is. Wanneer ik in de spiegel kijk, weet ik dat alles mogelijk is. Wanneer ik naar de oceaan kijk, weet ik dat alles mogelijk is.

Veel van ons kijken naar geld en kiezen ervoor te geloven dat alles onmogelijk is, tenzij we het hebben.

Dit is de eerste leugen van geld: Velen van ons geloven dat dit stukje papier macht over ons heeft, dat het sterker is dan wij, meer dan wij. Het heeft gezag over ons. Het bezit ons.

Kijk eens hoe je er nu naar kijkt. Kijk wat er in je lichaam opkomt terwijl je ernaar kijkt. Luister naar je gedachten en wat je eigenlijk zegt als je het ziet:

- *Wat denk je?*
- *Wat oordeel je?*
- *Wat heb je besloten?*
- *Wat heb je geconcludeerd?*

- *Wat heb je berekend? En...*
- *Hoe heb je misschien geconfigureerd dat geld een god is van deze realiteit waarvoor je moet buigen en trouw zweren om het te hebben?*

Dat is een leugen.

Er is niets wat je moet doen of zijn om dit hier te hebben. Je hoeft alleen maar te kiezen om te zijn of te doen wat juist is voor jou. Dat is dus de eerste leugen van geld.

De tweede leugen gaat ongeveer zo: Stel je voor dat je je geld mee zou nemen naar relatietherapie. Je zet het geld op een stoel – en jij zit op je stoel – en de therapeut begeleidt jou en je geld om een gesprek te hebben over je relatie met elkaar, met behulp van "ik"-boodschappen.

Als het tot je zou spreken, wat zou het dan tegen je zeggen? Hoe goed zou het door jou behandeld worden? Is het de geliefde die op de bank slaapt en daarom eigenlijk niet de geliefde is?

Is het degene die je verlaat en liever naar de bar gaat om met zijn vrienden rond te hangen, in plaats van bij jou te zijn? Of ben jij degene die wegloopt en naar het café gaat om met je vrienden te zijn en niet bij het geld wil zijn? Zou je je kunnen voorstellen dat geld je geliefde zou zijn?

Dat is de tweede leugen waar we het over zullen hebben: dat geld je dader, je cipier is, en jij zijn slaaf. En dat, tenzij je het hebt, je niet verder kunt kiezen dan wat je nu kiest. Dat het je nooit zal geven wat je nodig hebt.

In deze leugen zul je het altijd bekritiseren. Je zult er altijd sceptisch over zijn. Je zult het nooit vertrouwen. Je zult er op willen bedriegen. Je zult er in willen overdrijven. Je zult het nooit sparen. Je zult het nooit hebben. Je zult het altijd uitgeven. Je zult nooit kiezen om je ermee te omringen.

Merk je dat er een thema in al deze dingen zit? Dit thema ligt binnenin ieder van ons, binnenin ieder van jullie.

Dus de eerste leugen is dat geld een god is en jij minder bent dan dat. De tweede leugen is dat geld je dader is, je eeuwige cipier, en dat je het niet kunt hebben.

En wat is de derde leugen? Kun je het raden?

Toen ik deze vraag stelde in mijn workshop, hadden alle deelnemers hun unieke antwoorden, en geen van hen was fout. Ze antwoordden met dingen als 'Je zult nooit genoeg geld hebben.' 'Geld is slecht.' 'Je moet er hard voor werken.' 'Geld kan me geen liefde kopen.'

En al deze antwoorden zijn honderd procent accuraat en waar voor de mensen die het voelen, en wat waar is in deze realiteit. Deze leugens vormen complete geloofssystemen. Ze zijn oordelen. Ze zijn dingen die we hebben besloten, geoordeeld, geconcludeerd, berekend en geconfigureerd rondom onze realiteit, inclusief onze bankrekeningen, onze relaties, onze lichamen, onze banen, onze klusjes, onze kleren en alles daar tussenin.

Ze bepalen wanneer we naar Hawaï kunnen gaan, wanneer we niet kunnen, wat we eten, wanneer we naar Whole Foods of Safeway kunnen gaan, of wat het ook is.

Maar het zijn allemaal geloofssystemen.

De derde leugen is dat geld een probleem is.

Geld is niet het probleem – wij zijn het. Wat wij ervan denken, wat wij erop projecteren, wat wij het voor ons laten betekenen, hoe wij onszelf ermee definiëren, of we het hebben of niet.

Dit zijn niet alle leugens over geld, maar het zijn de drie leugens over geld die heel duidelijk naar voren

kwamen tijdens mijn persoonlijke reis. En ze vormen
de kern van dit boek.

2

HET ABSOLUTE DIEPTEPUNT BEREIKEN

Of je me nu al eens hebt zien spreken of nog nooit, je weet waarschijnlijk dat ik meestal begin met een structuur of een outline voor wat ik ga bespreken, en dat ik dan ongeveer tien minuten voor de les het weggooi omdat ik me verbind met de energie van wat en wie er komt opdagen.

Ik luister naar wat de lichamen, de wezens – de energie van alle deelnemers samen – mogelijk horen en willen horen. Dat is voor mij, in ieder geval, belangrijker dan welke outline ik ook maar zou kunnen bedenken. En hoewel ik het weggooi, verbind ik het altijd weer met de structuur voor het belang van samenhang.

Hoe doe ik dat? Een deel ervan komt voort uit mijn licenties en titels als doctor in de psychologie en thera-

9

peut, en als trauma- en somatiekbeoefenaar. Ik reis internationaal, heb een radioshow, en geef workshops – lichaamswerk, energiewerk – over de hele wereld.

Maar er zijn een paar andere dingen die me hebben onderscheiden en in staat hebben gesteld om een les binnen te komen, mijn outline weg te gooien en te spreken over wat er op dat moment in de ruimte is – en dat is gebaseerd op de energie. Om de vraag hoe ik dat doe te beantwoorden, wil ik enkele dingen delen die een onuitwisbare indruk op mij hebben achtergelaten:

Ongeveer 15 jaar geleden werd ik gediagnosticeerd met een levensbedreigende ziekte. Dit was het moment waarop ik me realiseerde dat ik een groot probleem had met geld. Als je ziek wordt, zul je merken dat je zorgverzekering in de VS je natuurgeneeskundige keuzes niet dekt. Je kunt gemakkelijk je pensioen, je huis, je investeringen, je portfolio, en nog veel meer in geld omzetten. En dat is precies wat ik bewust koos te doen, en ik ben er nog steeds.

Toen ik voor het eerst werd gediagnosticeerd, zei de dokter dat het beste wat ik kon doen was de rest van mijn leven medicijnen gebruiken, en dat ik één of misschien twee, drie of vier organen zou moeten verwijderen als ze eenmaal bezig waren. Wie wist het? Ze gaven me drie opties: het doden, leven met medicatie, of het laten verwijderen.

Op dat moment was ik net dertig, en ik zei tegen de endocrinoloog: "Nou, er moet een andere optie zijn."

Ik zal hem nooit vergeten, want hij was een van de hoofdredenen waarom ik energetische methoden ben gaan zoeken om te genezen, te veranderen, en andere keuzes in mijn leven te maken – andere mogelijkheden – in mijn leven fysiek, emotioneel, spiritueel, financieel en energetisch.

Hij vertelde me dat er geen andere keuze was. Niets anders was mogelijk.

Dus liep ik weg en zag hem nooit meer, wat me op het pad bracht naar het Theta Healing® Instituut (nu in Montana), waar ik drie maanden verbleef.

Binnen drie weken genas ik de ziekte. Het duurde iets langer om het hele lichaam te genezen van alle problemen. Dit komt doordat energieheling en natuurlijke geneeskunde holistisch naar het hele lichaam kijken.

Aan de andere kant gebruikt de endocrinoloog allopathische geneeskunde en richt zich alleen op het endocriene systeem en een paar verwante organen en systemen van het lichaam. Ik praat niet noodzakelijk slecht over endocrinologen of allopathische geneeskunde. Ik gebruik ze nog steeds. Dit is gewoon mijn ervaring.

Toen ik die keuze maakte en zag wat er met energie kon gebeuren, wist ik dat er energetisch iets anders in dit leven gaande was. Dus besloot ik mijn hele praktijk te veranderen van een traditionele therapeut en psycholoog met wekelijkse sessies naar meer groepsfacilitatie, energiewerk, energieheling, en het onderzoeken van de geloofssystemen en beperkingen die we psychisch en psychologisch denken, die de "dis-ease" en ziekte in het lichaam creëren.

Nou, ik moest meer geld verdienen. Het kostte me ongeveer een miljoen dollar om mezelf te genezen. Ik was behoorlijk ziek. Ik was waarschijnlijk twee of drie keer per week acht uur per dag in de natuurgeneeskundige praktijk om getest te worden voor dit en dat. Injecties, infusen, alles. En tegelijkertijd reisde ik naar het instituut om mijn master te halen – omdat ik natuurlijk nog een diploma nodig had.

Maar ondertussen zag ik de rekening steeds verder oplopen en mijn pensioen dalen. Ik zag het huis en het land dat ik wilde bouwen, het plan, en alles wat ik voor mijn leven had bedacht, op mijn 30e beginnen te vervagen. Ik dacht dat dat het einde was.

En toen kwam het echte einde... Nul.

Je weet misschien waar ik het over heb.

Mijn banksaldo, ja.

Ik bereikte dat 'nul' punt, en ik was doodsbang. Ik groeide op in New York. Mijn vader werkte heel hard toen hij in de vastgoedsector zat. Hij zorgde ervoor dat we naar de universiteit konden. We hadden altijd een baan. We werkten altijd. We hadden altijd ons eigen geld. We leerden altijd. Hij leerde ons hoe we moesten sparen, wat we moesten doen, al die dingen.

Ik was niet bekend met 'nul'... ooit.

Ik werk al sinds mijn negende. Ik hield van mijn kleine krantenwijk. Mijn moeder had een houten stationwagen, en ze reed ons rond. Hoe dan ook, het was leuk. En ik hield van Kerstmis. Weet je, de kerstfooi.

Ik houd van de geur van geld. Ik houd van de smaak van geld. Ik zou het letterlijk proeven en ruiken. In de zomers tijdens mijn studie werkte ik in de bank; elke vrijdag gingen we de kluis in. Ik ging daar zitten en rook en ademde het geld in.

Mijn vader was een ondernemer. Ik ben een ondernemer. Ik heb voor niemand gewerkt sinds ik ergens in de twintig was. Hij zei tegen me toen ik heel jong was: "Lisa, het is niet alleen een mannenwereld. Het is ook een vrouwenwereld. Doe alleen wat je leuk vindt. Werk altijd voor jezelf. Wees je eigen baas en ga naar buiten en verdien miljoenen."

Hij was een arme jongen uit Brooklyn. Hij kreeg een studiebeurs voor college vanwege football, ging toen in het leger en kreeg op die manier ook een opleiding. Hij was een tweede generatie Ierse immigrant. Mijn moeder was een tweede generatie Italiaanse immigrant. Hard werken was onderdeel van de cultuur. Onderwijs was onderdeel van de cultuur. Ze werkten allemaal in New York, dat soort dingen.

Ik ging eigenlijk naar Californië en trok in plaats daarvan mijn Birkenstocks aan, maar geld was een liefde van mij. Ik had een liefdesrelatie met geld. Weet je hoe het ruikt? Hoe het smaakt? Er was iets bijzonders aan. En dat schrijf ik echt toe aan mijn vader. Hij liet me de kracht zien van deals maken, je woord houden, en samenwerken met anderen.

Hij had op een gegeven moment zestien of zeventien verschillende appartementsgebouwen. Mijn taak was om het geld te tellen en het in stapels contant geld op de tafel in zijn kantoor beneden in de kelder te leggen. Ik wilde niets anders doen. Ik wilde nergens anders heen. Mensen konden gaan spelen. Ze konden zich verkleden. Ze konden naar het winkelcentrum gaan, doen wat ze maar wilden, maar ik wilde bij het geld zijn. Ik wilde het ruiken, proeven. Als ik het om me heen kon leggen, had ik dat gedaan.

Toen werd ik dertig, en had ik nul op mijn bankrekening.

Waar zou ik gaan wonen als dit zo doorging? Wat zou ik gaan eten? Wat zou ik tegen mijn moeder zeggen? Hoe zou ik het mijn vader vertellen?

Meer specifiek, hoe kon ik mezelf nog in de spiegel aankijken? Ik bedoel, op dat moment had ik mijn masterdiploma. Ik was de therapeutische coördinator van een behandelcentrum in Arizona. Ik had het enigszins voor elkaar.

Toen werd ik ziek.

En wanneer je ziek wordt, verandert je hele wereld.

Dus ik moest keer op keer naar die 'o' kijken – en echt een keuze maken, want ik kon sterven.

Ik kon naar huis gaan, wat me zou doden, maar ik kon naar huis gaan.

Ik kon naar een vriend gaan. Ik kon alles verkopen.

Ik kon blijven werken. Ik kon harder werken, maar het was moeilijk om te werken als je ziek bent.

Dus wat zou ik gaan doen?

Dit was het moment waarop ik begon te vragen: "Oké, hoe wordt iemand die zo gezond is, ineens zo ziek?" Ik moet niet zo gezond zijn geweest. Ziekte komt niet zomaar uit het niets. Je kunt een diagnose in één nacht krijgen, maar een ziekte bouwt zich op over jaren en decennia. Dat was wanneer en hoe het universum me de signalen gaf. Op dat moment wist ik dat ik mijn realiteit moest veranderen, inclusief mijn financiële realiteit.

Er waren leugens waar ik naar leefde die op de een of andere manier deze ziekte creëerden, die zich manifesteerden als een ziekte in mijn lichaam – echt een keuzemoment tussen leven of dood. En dat alles omdat het enige wat ik altijd had, me werd afgenomen.

Als geld me niet was afgenomen en die 'nul' er niet was gekomen, wil ik dat je dit begrijpt: dan had ik niet geluisterd. Ik zou doorgaan met hoe ik leefde, want er was toch geen probleem, toch?

Nou, blijkbaar was er een groot probleem.

Om eerlijk te zijn, had ik de neiging om geld te hamsteren. Ik geef toe dat ik er een oprechte genegenheid voor heb. Echt waar. Ik geloof dat wanneer ik geld bezit en uitgeef, ik de bewustzijnstoestand van iets beïnvloed.

Als ik bezig ben met mijn werk, komt de hele wereld tot leven—India, Hong Kong, Taiwan, Hawaï, Californië, Colorado, Florida, en alle andere plaatsen waar ik lessen heb gegeven. Wanneer je een moment van bewustwording ervaart, dat 'aha'-moment, dan is het geld goed besteed om mij hier te krijgen. Het draagt bij aan de groei van bewustzijn. Ik weet zelfs niet wat er zal gebeuren, maar het zal mijn banksaldo op de een of andere manier verhogen.

In feite gaat het me op alle niveaus verhogen: energetisch, psychisch, spiritueel, psychologisch, evenals financieel. Ik wil het allemaal. Maar ik wil het niet alleen voor mezelf, ik wil het voor ons allemaal.

Zoals ik eerder zei, jullie zijn de mensen die we nodig hebben op deze aarde en die ik nodig heb om geld te hebben. Ik wil dat jullie geld hebben. Ik wil dat jullie geld hebben. Niet alleen om het uit te geven, maar om het te hebben, om het bewustzijn op deze planeet te veranderen, want ik heb een groter doel dan de mensen die ik een paar uur zie.

Mijn doel is om alle vormen van misbruik op deze planeet te elimineren en uit te roeien en ervoor te zorgen dat alle individuen ervoor kunnen kiezen om radicaal en orgasmisch levend te zijn.

Weet je hoeveel financieel misbruik er op deze planeet is? Hoeveel van jullie zijn financieel misbruikt?

Ondanks dat mijn vader me al deze dingen leerde, was er ook een grote leugen in mijn familie.

Ik was een kindmodel in New York, en er waren onuitsprekelijke handelingen en gebeurtenissen waaraan ik op die zeer jonge leeftijd gedwongen werd deel te nemen. Mensen werden betaald voor de handelingen waaraan ik werd gedwongen deel te nemen, en ik werd niet betaald.

Maar het heeft me 30 jaar later veel gekost.

Je hoeft geen extreem verhaal te hebben. Sommigen van jullie zullen resoneren met wat ik zei, en sommigen van jullie zullen er geen idee van hebben. Ik zeg niet: "Hé, kom hier en maak dit soort dingen mee."

Maar over dat geld, ja, ik wil dat jullie jezelf allemaal baden in geld. Doe het op en wikkel jezelf ermee in. Eigenlijk, dat is je huiswerk: Ga zoveel mogelijk honderd dollar biljetten of vijftig dollar biljetten verdienen als je kunt. Doe er een beetje lijm op en bedek jezelf met het geld.

Oké? Doe het gewoon en heb er plezier mee. Je kunt iemand uitnodigen, wie je maar wilt. Hopelijk, als je getrouwd bent, is het de persoon naast je, maar misschien wil je iemand anders naast je.

Je wilt iets anders uitnodigen – dat is waar ik het over heb – een radicaal, orgastisch, levendige realiteit. Geld hoeft niet zo'n zwaar onderwerp te zijn. In mijn extreme situatie, geloof me, was het niet leuk. Maar dit is hoe het eruit ziet wanneer iemand zich heeft omgedraaid, gekeken heeft, naar binnen is gegaan en schoon heeft gemaakt. Om hier te kunnen staan en te denken dat ik iets te delen heb. Ik moet me omdraaien en kijken.

En weet je wat? Waar het tegenwoordig op neerkomt, is dat mijn vader me een geschenk heeft gegeven. Hij leerde me dat geld niet ging over gender. Het ging niet over waar je vandaan komt, je opleiding of training. Het ging zelfs niet over hard moeten werken.

Het ging erom te kiezen wat je wilde zijn.

Mijn vader werkte hard, en hij speelde hard. Ik ben naar meer Super Bowls en meer sportevenementen geweest dan ik je ooit zou kunnen vertellen. Mijn vader was een Yankees-fan, dus we waren er elke woensdag, vrijdag en in het weekend. Hij was een New York Giants-voetbalfan. Op zondag waren we daar. IJshockey, New York Rangers, maandag, woensdag, vrijdag. En hij sleurde ons mee naar Madison Square Garden, New York Knicks. Dat is wat we deden.

Hij vertelde het aan al mijn vrienden. Mijn broer, zus en ik moesten elk twee of drie vrienden uitnodigen met zijn kaartjes. Hij ging de straat op om een $5 bleacher seat te kopen, zodat al zijn kinderen en hun vrienden naar de wedstrijden konden gaan. Het was niet noodzakelijk omdat hij een overvloed aan geld had; het was simpelweg hoe hij ervoor koos om te leven. Hoewel hij niet meer bij ons is, ben ik eeuwig dankbaar voor die momenten. In mijn 25 jaar als therapeut, op internationaal, nationaal en lokaal niveau, heb ik nog nooit iemand ontmoet die op zo'n unieke manier werd opgevoed als het ging om geld. Het is een ongebruikelijke realiteit.

Maar toen ziekte toesloeg, en ik dat dieptepunt bereikte, werd die briljantheid, die vreugde, die aanstekelijke glimlach waar ik vaak over spreek, weggenomen – alles verdween toen ik geconfronteerd werd met die financiële nul.

Ik had kunnen bezwijken tot een slachtoffer, een persoon die vecht tegen ziekte, wanhopig, alles loslatend, zonder nog enige wens om iemand te helpen, zelfs mezelf niet. Ik had ervoor kunnen kiezen om het leven volledig op te geven.

Maar ik besloot het leven te omarmen, omdat, ongeacht onze individuele verhalen of eerdere ervaringen, hoe moeilijk ze ook zijn geweest, we nog steeds de macht hebben om te kiezen. De vraag waarmee we worden geconfronteerd is deze: kiezen we ervoor om te leven in een realiteit die wordt gedefinieerd door leugens of een die is gebouwd op waarheid? Zal onze focus liggen op overvloed of schaarste? Welke realiteit wil jij creëren?

Ik begrijp dat het misschien te simplistisch klinkt. Geloof me, ik begrijp het, vooral als je het gevoel hebt vast te zitten in drijfzand, verstrikt in een leugen. De onwaarheid lijkt zo concreet dat je deze onbewust steeds opnieuw creëert. Het verhardt, waardoor het steeds moeilijker wordt om iets anders voor te stellen.

Hier is de echte vraag: Lach je? Vind je geluk in het omarmen van de leugens van geld?

Zo niet, zoek dan dat kleine molecuul in je lichaam, die kinderlijke onschuld die mijn vader me heeft bijge-bracht – een onschuld rondom creëren, zaken doen, werk, plezier, vreugde, en de keuze om mijn eigen baas te zijn. Je hoeft niet per se je eigen baas te zijn, maar je kunt die mindset omarmen, zelfs als je voor iemand anders werkt. Het gaat erom ervoor te kiezen om mogelijkheden te zien in plaats van te focussen op beperkingen. Alles is mogelijk.

Dat is een glimp van mijn verhaal, maar wat zijn jouw geldleugens? Welke keuzes verwerp je terwijl je de geldleugens omarmt die je jezelf vertelt... de leugens die je actief kiest? En wat zijn de echte kosten van het hardnekkig geloven in deze geldleugens? Wat zou je doen als je achter je computer zat zoals ik die dag, starend naar de nul, in paniek, je plan B makend, je ontsnappingsstrategie?

Gezien je huidige financiële situatie, welke keuzes of creaties zou je kunnen maken?

En hier is mijn favoriete leugen – en de vraag: wiens financiële realiteit leef jij?

Dus toen ik op mijn dieptepunt was, moest ik mezelf vragen: "Wat vind ik fijn aan op nul staan? Wat vind ik fijn aan in een staat van drama en catastrofe zijn? Wat vind ik fijn aan ziek zijn? Wat vind ik fijn aan sterven? Waarvan probeer ik wanhopig te ontsnappen? Waar ben ik het zat van?"

Niet: "Kun je me trakteren op koffie omdat ik geen geld heb en ik ben echt in paniek, en mijn baas is een heks, en ik kan niet naar mijn ouders omdat je weet dat ze me haten en ze zullen het tegen me gebruiken voor de rest van mijn leven... en, en, en, en..."

Niets daarvan.

Om je situatie echt te begrijpen, moet je jezelf afvragen: "Wat doe ik om dit te creëren? Welke keuzes maak ik die deze patronen in stand houden? Waarom engageer ik me in gedragingen die me het gevoel geven dat ik wil opgeven? Hoe laat ik mezelf bedriegen? Welke acties onderneem ik die mijn potentieel beperken?"

Deze zelfonderzoeking is het uitdagende werk dat leugens en zelfbedrog blootlegt. De verhalen die we construeren, werken als lenzen getint met ontkenning, waardoor we worden afgeschermd van het confronteren van de waarheid. We geven vaak de voorkeur aan het behouden van een façade van superioriteit en gelijk hebben, in plaats van de realiteit achter het gordijn onder ogen te zien.

Voor mij persoonlijk is het van waarde om de waarheid onder ogen te zien. Ik wil in de spiegel kijken en authenticiteit erkennen in plaats van verhalen te verzinnen. Zelfs als ik mezelf betrap op het verzinnen van verhalen, omarm ik ze met eerlijkheid. Bijvoorbeeld, als woede opkomt, kijk ik naar binnen en vraag ik: "Waar heb ik soortgelijk gedrag vertoond?" Als er oordeel ontstaat, reflecteer ik: "Waar heb ik dat oordeel ervaren?"

Ik streef ernaar verder te gaan dan deze beperkende constructies door triggers in mijn voordeel te gebruiken en ze om te zetten in kansen voor persoonlijke en financiële groei. Later zal ik enkele technieken delen over hoe je dit kunt bereiken.

Nu, het bespreken van deze aspecten in mijn wekelijkse radioshow voor een publiek van 205.000 mensen wereldwijd vereiste moed. Ondanks mijn referenties in de gezondheidssector, vooral met praktijken zoals Theta Healing®, die werken met de creatieve energie van het universum, erken ik dat het omarmen van onconventionele benaderingen ontmoedigend kan zijn.

Ondanks dat ik licenties en titels heb in de conventionele gezondheidssector, omarm ik een breder perspectief. Deze referenties, hoewel waardevol, beperken me niet tot een gestructureerde doos. In plaats daarvan dienen ze als troeven, die interesse van een wereldwijd publiek aantrekken en deuren openen voor samenwerking en mogelijkheden. De boodschap hier is niet om op te scheppen, maar om het belang te benadrukken van het benutten van welke vaardigheden en middelen je ook hebt in jouw voordeel.

In wezen bezit iedereen iets waardevols. Het gaat erom die unieke kwaliteiten te herkennen en te benutten om een realiteit te creëren die verder gaat dan beperkingen.

Ieder van jullie is uniek en briljant. Ik heb mijn dissertatie hierover geschreven, dus ik weet het. Het heet zielafdruk, net zoals onze vingerafdruk uniek is voor ieder van ons. Dat is jouw zielafdruk. Ieder van jullie heeft een unieke zielafdruk om te drukken op de lippen van de realiteit.

De mijne maakt toevallig deel uit van wat ik hier vandaag doe. De jouwe is wat je ook doet of bent – of wat je weigert te doen of te zijn – maar je hebt het.

3

WIENS FINANCIËLE REALITEIT
LEEF JIJ?

Dus, hoe word je de baas over je eigen realiteit op elk niveau, van diep in je gedachten tot de tastbare fysieke wereld waarin je dagelijks leeft? We kunnen beginnen met de geest. In feite stelde een van de deelnemers in mijn workshop deze cruciale vraag. Ze zei: *"Nou, ik dacht net aan het onderbewuste probleem achter het geld, niet dat ik geldproblemen heb. Je kunt altijd meer geld krijgen, en ik zou dat gemakkelijk kunnen, dus ik dacht wat mij misschien zou tegenhouden, zelfs als ik die vragen zou stellen en dergelijke. Hoe zou ik dat doen?"*

Haar vraag was fundamenteel, en het antwoord ligt in het stellen van een andere fundamentele vraag aan jezelf: Wiens financiële realiteit leef jij?

Voordat je jezelf deze vraag stelt, merk op of je lichaam

licht of zwaar aanvoelt. En kijk welke verschuiving het stellen van deze vraag in je lichaam teweegbrengt.

Toen ik deze vragen stelde in mijn workshop, hadden de deelnemers unieke antwoorden.

"Oké, dus wiens financiële realiteit leef jij?"

"Mijn oom."

"Mijn ouder."

"Mijn vader."

"Mijn talent."

En met hun antwoorden voelden ze allemaal een verandering in hun energie. Sommigen voelden zich warmer, anderen koeler, sommigen voelden zich licht, anderen zwaar. Het was een kamer vol energieveranderingen; dat is hoe krachtig een enkele vraag kan zijn.

Dus, mijn lezer, wiens financiële realiteit leef jij?

Identificeer wat dat voor jou naar boven brengt en probeer het verschil te onderscheiden tussen de waarheid en de leugen(s). De leugens die door de wereld om ons heen zijn geweven, door ons schoolsysteem, onze moeders, vaders, en bazen. Deze leugens beïnvloeden in grote mate de vorming van onze financiële realiteit.

Dus, als jouw financiële realiteit van jou is, geweldig. Maar overal waar jouw financiële realiteit een limiet of een plafond heeft, is dat alles wat je kunt hebben en niet meer. Waar je hebt besloten: *"Het is van mij. Het is van mij. Het is van mij. Het is van mij. Het is van mij. Het is van mij. En dat is alles wat het kan zijn."*

Maar we moeten deze mentaliteit doorbreken, en je weet waarom. In mijn workshop vonden de deelnemers dit beperkend. Een van hen merkte heel wijs op: "We beperken onszelf door iets als het onze te beschouwen, en dat fixeert het tot alles wat het kan zijn en niet meer..."

En dat klopt, het is alsof, "We bewegen niet. Dit is van mij, en dat is het." Nou, alles wat van jou is en 'dat is het' heeft een beetje superioriteit in zich. En alles met superioriteit zou een beetje kunnen lijken op Donald Trump.

Ik weet dat dit klinkt als een zwaar oordeel, maar hier is het punt: Donald Trump had miljoenen dollars en verloor ze. Miljoenen dollars en verloor ze. Miljoenen dollars en verloor ze. Nee, ik stem niet op Donald Trump als ik dit zeg, oké? Dit is waar ik mezelf uitdaag en denk, oké, ik mag hem niet, maar wat kan ik van hem leren?

En ik denk na over zijn zaken. Ik ken hem niet, maar ik denk: "Wat kan ik leren van iemand naar wie ik niet aspireer, die ik niet wil nabootsen, of zelfs maar graag wil bekijken. Wat kan ik van hem leren? Er is iets dat hij briljant doet met geld en zaken."

Ik hoef geen geld te hebben en zo te zijn, maar ik kan op moleculair en cellulair niveau iets ontvangen dat ik niet weet. Hij is op de een of andere manier beter met geld dan ik, en ik wil beter worden voor mezelf, zodat ik de wereld kan veranderen vanuit mijn financiële realiteit.

Iedereens financiële realiteit heeft iets om ons te leren. Als je mij daar iets over kunt leren, zal ik het toestaan en van je ontvangen.

Of als je iemand niet mag, kijk waar je afsluit en het wegduwt. Weet je dat elk oordeel dat je ontvangt en elk oordeel dat je doorlaat, je bankrekening vergroot of verkleint? Je oordelen over jezelf en anderen laten de stroom van geld toe of weigeren die. Stel je voor hoeveel geld je zou hebben verdiend als je beperkende oordelen niet je energiestroom, die geld is, had laten belemmeren. Toch betrapt iedereen zichzelf erop dingen op een beperkende manier te beoordelen.

Toen ik mijn workshopdeelnemers vroeg welke oordelen ze over zichzelf hadden, gaven ze verschillende antwoorden die volgens mij voor velen van ons herkenbaar zijn.

"Ik denk dat ik het meest vreselijk ben voor mezelf. Ik ben echt aardig voor iedereen, behalve voor mezelf, en daar gaat het mis."

"Ik ben niet goed genoeg."

"Ik kan beter."

"Ik voel me een mislukking."

"Ik ben niet goed genoeg. Ik kan beter en het is soms moeilijk om dat te zeggen."

Door na te denken over en het delen van deze oordelen over zichzelf, onthulden deze deelnemers eigenlijk de leugens waarin ze hadden geloofd. En dit is op zichzelf al een somatische ontlading. Je kunt dit ook doen en realiseren hoe het in een oogwenk je verzinsels en leugens over jezelf naar boven brengt die je daadwerkelijk tegenhouden om je ware potentieel te bereiken, zelfs financieel.

Terugdenkend aan eerdere ervaringen herinner ik me een transformerend moment tijdens de workshop in Maui waar ik een deelnemer begeleidde om hun uitmuntendheid in falen te erkennen. Zie je, ik zei hen te zeggen: "Ik ben de beste in falen," in plaats van te zeggen: "Ik ben een mislukking." Het contrast tussen het verklaren: "Ik ben de beste die ik ken in falen," en het zelfvernietigende label "Ik ben een mislukking" benadrukte hun neiging om falen te gebruiken als een schild om onopvallend te blijven. Het werd duidelijk dat de keuze om zichzelf als mislukkeling te identificeren diende om klein te blijven en zichtbaarheid te vermijden.

De deelnemer gaf toe het goede in hun leven te bagatelliseren, uit angst voor de jaloezie van anderen. De realisatie ontvouwde zich dat door hun ware gevoelens en prestaties te verbergen, ze een leugen in stand hielden die niet alleen hun authentieke expressie hinderde, maar ook de stroom van overvloed in hun leven beperkte.

Maar voordat je anderen je leven laat overnemen met hun jaloezie, oordelen, kritiek, of onzekerheid, denk aan de kracht die JIJ hebt. Wat als wat jij zegt iemand inspireert om een andere keuze te maken? Wat als jij je laat zien zoals je bent, en dat iemand inspireert om een andere keuze te maken? Hoeveel meer geld zal dat jou opleveren, en hoeveel meer geld zal dat hen opleveren, terwijl je overvloed verspreidt op de planeet?

Jullie zijn de mensen die de wereld kunnen veranderen.

Jullie zijn de mensen die geld in handen moeten hebben, want met jouw bewustzijn zul je de realiteit op deze planeet veranderen. De verschuiving van één graad die je nu maakt, van uitvinding en leugen naar de waarheid van openheid, plezier en vrijheid, zal je financiële realiteit veranderen.

Zoals mijn vader zei: "Wees je eigen baas. Het is niet alleen een mannenwereld. Het is niet alleen een vrouwenwereld. Doe wat je leuk vindt. Ga je voor iemand werken, hou ervan. Wil je je eigen baas zijn? Wees je eigen baas."

Dus, wat is één ding dat je nu kunt kiezen dat je nog nooit hebt besloten te kiezen? Wat zou je kiezen om te doen buiten je comfortzone?

Voordat ik een volle praktijk had, had ik geen enkele cliënt. Ik had een kantoor, dus ik ging naar mijn kantoor en zette afspraken in mijn agenda. Er waren geen mensen, en ik schreef gewoon "Geweldige Cliënten" in het 60- of 90-minuten rooster. Ik zat dan in mijn kantoor voor die tijd, nam een pauze na de 60 of 90 minuten, en ging dan weer terug. Ik maakte mijn visitekaartjes, flyers, pakketten, of belde mensen op om te vertellen wat ik deed.

Soms ging ik naar een boekwinkel, organiseerde een groepsworkshop, volgde een andere cursus, of ging op training. En elke keer dat iemand me belde, vulde ik de plek in met de naam van de persoon, wat dan de sessie zou zijn.

Ik bleef maar doorgaan omdat ik ervoor koos niet de leugen te geloven dat als ik naar buiten treed, iemand zich slecht zal voelen. In plaats daarvan geloofde ik de waarheid dat als ik naar buiten treed, iemand anders dat ook zal doen. Iets zal hen inspireren om met mij samen te werken.

Dat is voorbij de leugen gaan.

Om voorbij de leugen te gaan, moet je actie ondernemen. Je moet het doen.

4

―――――

WAT WIL GELD?

Ik werk met veel mensen die handelen op de financiële markten. Soms zitten ze vast en blijven ze voor dezelfde transactie gaan. Ze willen het niet opgeven, of ze verliezen. Ze zien het als een mislukking in plaats van te bewegen. Terwijl de waarheid is dat als het niet werkt en zwaar en dicht aanvoelt, je moet bewegen. Vergeet je verliezen af en ga verder. Ze zullen het begrijpen, en jij zult het ergens anders in het volgende moment winnen, maar het zal nooit verschijnen zoals je denkt dat het zal doen. Dus je kunt niet alleen je hoofd gebruiken.

Wanneer je geest *in sync* is met je lichaam, ervaar je een groter gevoel van vrijheid. In mijn persoonlijke leven en zakelijke activiteiten geef ik prioriteit aan luisteren. Ik let op het gevoel van lichtheid, omdat het de juiste richting voor mij aangeeft. Als iets zwaar, dicht of te ingewikkeld aanvoelt, en als ik steeds weer obstakels tegenkom, blijf ik er niet hardnekkig tegenaan duwen. In plaats daarvan erken ik de noodzaak om opnieuw te evalueren en alternatieve paden te verkennen. Ik blijf mijn hoofd niet tegen de muur slaan.

Ik zeg: "Oh, ik moet meer vragen stellen. Ik moet ergens anders heen gaan." Dan vraag ik: "Wie of wat kan dit meteen makkelijker maken? Waar moet ik heen gaan? Met wie moet ik praten? Wie kan me helpen? Welke andere informatie heb ik nodig? Wie heeft die informatie?"

Ik weet niet hoe het gebeurt, maar ik krijg altijd op de een of andere manier een oplossing. Ik krijg een e-mail of een sms. Ik zie iets op de computer. Ik lees iets in de post, of ik praat met een vriend en die zegt: "Hé, deze persoon zoekt dat," en het is precies wat ik nodig heb. Zo vond ik mijn aannemers voor mijn bedrijf.

Dus de volgende keer, in plaats van jezelf af te vragen of je hier of daar moet gaan, ga gewoon naar buiten en stel meer vragen. Je hebt gewoon meer informatie nodig.

Onthoud, je bedrijf is een eigen entiteit; behandel het zoals je met een ander persoon zou doen. Je bedrijf heeft een doel en doelen; je moet ermee communiceren. Mijn bedrijf heet Live Your Roar. Het heeft zijn doel. Ik heb een doelwit. Ik heb ernaar geluisterd, en overal waar ik in mijn bedrijf beweeg, stel ik altijd vragen aan mijn bedrijf.

Dus je hebt hier meer informatie nodig. Stel jezelf vragen zoals:

Welke andere informatie kan ik hieraan toevoegen?

Wie heeft die informatie?

Waar kan ik die informatie krijgen?

Wat kan ik doen?

Stel je bedrijf vragen zoals:

Wat zou je vandaag willen?

Wat is je doel?

Wat vereist mijn meeste aandacht?

Waar kan ik helpen om meer geld te verdienen?

Wat moet ik creëren om dat te doen?

Wie moet ik aannemen?

Met wie moet ik nog meer praten?

Waar moet ik heen gaan?

Hoeveel geld heb ik eigenlijk nodig?

Een sterke vertrouwensband opbouwen met je bedrijf en elkaar leren kennen. Dat noem ik radicale levendigheid.

Er zijn in het Engels vier C's voor radicale levendigheid: Kiezen voor jezelf, Verbinden aan jezelf, Samenwerken met het universum dat samenzweert om je te zegenen, en dan je leven daaruit creëren.

Dit zijn de vier pijlers voor jou en de vier pijlers voor het bedrijf. Kies voor jezelf, verbind je aan jezelf. Werk samen met het universum dat samenzweert om je te zegenen en creëer en ga dan samen verder.

Ik doe een radioshow genaamd Beyond Abuse, Beyond Therapy, Beyond Anything, toch? We zijn nu tweeënhalf jaar in de lucht. In de eerste 13 weken stonden we in de top drie van de top tien op het Empowerment Channel, en we zijn sinds het begin van de show in de top vijf gebleven.

Ik luister elke dag naar dat bedrijf. Vanmorgen stond ik op, deed een live radioshow, en luisterde naar het bedrijf.

Elke week moet ik een live show creëren: nieuwe, originele inhoud, een beschrijving van de show, social media citaten en onderwerpen. Ik luister en zeg: "Oké, aarde, universum, wereld, 205.000 mensen die luisteren, waar willen jullie naar luisteren?"

Bam.

Ik ga niet in mijn hoofd en zeg: "Wat moet ik doen voor Voice America?" Ik vraag: "Welke energie vraagt er nu om besproken te worden?"

Wat vraagt je bedrijf van je? Letterlijk, misschien is dat wat je hoofd doet tollen – om in contact te komen met wat nu buiten je is.

Je bedrijf is een energie en entiteit op zichzelf.

Laat het vliegen. Laat het brullen. Haal je hoofd uit de resultaten en breng je hoofd in de mogelijkheden. Het zal gemakkelijk zijn om de mensen, plaatsen, situaties en gebeurtenissen aan te trekken en te realiseren die zullen samenwerken namens jou.

Interessant genoeg zijn er momenten waarop, vanwege onze leugens over geld, onze omgeving zich tegen onze doelen keert. Ze worden beperkend. In mijn workshop stond een van mijn deelnemers voor hetzelfde dilemma. Dus toen ik sprak over het laten vliegen van ons bedrijf en geld, stelde ze een vraag die haar situatie beschreef.

Hier is wat ze zei: "*Het klinkt logisch als je praat over of je geld je leuk vindt. Ik heb dit visuele beeld in mijn hoofd dat het een relatie is waar ik opdagen kom, helemaal sexy, met een parfum van $300. Maar dan gaan we zitten om te* *praten en het is alsof, "Oh, doe je dit nog steeds? Is je moeder nog steeds zo? Rook je nog steeds sigaretten?"*

Nadat ik over haar situatie hoorde, vroeg ik haar of zij en haar visie elkaar beoordeelden. Dus, jullie beoordelen elkaar? En ze antwoordde:

"Ik weet niet of het me beoordeelt, maar het is alsof, "Ik hou van je, maar niet als je dit nog steeds doet. Het is alsof ik van je hou, en je moet opdagen zoals dit en dit."

Het was duidelijk dat haar liefde verstrikt was in verwachtingen en voorwaarden. Het was voorwaardelijke liefde, een liefde waarmee we nooit genoegen zouden nemen in een partner, maar die we wel accepteren als het om geld gaat.

Dat was het moment waarop ik besloot om de gevoelens van de deelnemer met betrekking tot controle, superioriteit en de terughoudendheid om vreugde te ontvangen te verkennen. Ze ontkende een controlerend persoon te zijn en beweerde vrij te zijn in andere aspecten. Dus ik stelde haar een andere belangrijke vraag: "Wat vind je fijn aan de voorwaarden?" En dat is waar de lagen begonnen los te laten; ze noemde dat het een 'superioriteitsding' voor haar was.

Deze voorwaardelijke relatie die ze met geld had, beperkte eigenlijk haar vreugde, en toch had ze zichzelf deze leugen verteld dat ze haar superieur maakten.

En ze had haar vreugde beperkt sinds ze zeven jaar oud was.

Maar precies toen ze de leugens die ze zichzelf had verteld ontdekte en een ademhalingsoefening deed, konden we de fysiologische en psychologische verschuiving van één graad creëren die ze nodig had. Toen ze begreep dat ze sinds haar zevende vreugde van zich af had geduwd, besloot ze om een verandering door te voeren.

Dit is hoe onze leugens over geld worden voortgezet, leidend tot interne conflicten en een gebrek aan overvloed. En alles wat we nodig hebben is een verschuiving van één graad.

5

____

DE KRACHT VAN OORDEEL

Mensen zijn moedige wezens, maar geld is niet per se een leuk onderwerp om over te praten. Nu ik je een paar leugens over geld heb gedeeld, ga ik kijken of ik je een beetje kan prikkelen, en op een gegeven moment lach je misschien en komt naar boven wat je echt hier bracht om dit boek te lezen. Om nieuwsgierig te zijn naar geld.

Na meer dan twintig jaar te hebben gewerkt in de geestelijke gezondheidszorg, het geven van workshops lokaal, nationaal en internationaal, heb ik geleerd dat er drie redenen zijn waarom mensen komen om persoonlijk werk te doen voor verandering en transformatie:

1. Gezondheid – er treedt een crisis op.

2. Relatie – een breuk, scheiding of
   echtscheiding.
3. Geld – worstelen in het bedrijfsleven of
   moeite hebben om rond te komen.

Na een tijdje werd ik erg goed in het werken met mensen op het gebied van relaties en gezondheid, inclusief mijn eigen gezondheid. Maar dit hele geld-gedoe bleef aan me knagen, zowel bij mijn cliënten als in de wereld. Ik besloot me hierop te concentreren om te zien wat ik nog meer aan dit onderwerp kon toevoegen, waar mensen workshops over geven en boeken over schrijven.

Het was een beetje een uitdaging voor mijn branding-persoon. Als je niet weet wat een brandingpersoon is: zij vertellen je waar je niche zich bevindt en stoppen je dan in een hokje – en daar hoor je in te blijven en niet buiten te gaan.

Voor degenen die me net leren kennen, het is zoals in Dirty Dancing: "Nobody puts Baby in the corner." Je stopt mij zeker niet in een hokje; er is geen hokje dat bij mij past.

Toen ik me op dit geldonderwerp begon te richten, gaf ik workshops, telecalls, mijn Voice America Radio Show, samen met individuele sessies, coachingsessies en VIP-sessies met mensen. Maar tegelijkertijd overleed mijn vader een paar jaar geleden, en kreeg ik een financiële situatie bovenop mijn talloze andere problemen.

Ik realiseerde me mijn blindheid voor de realiteit van geld, en het voelde gek. Hier was ik, aan het proberen uit te vinden hoe ik anderen kon helpen hun relatie met geld te herstellen, terwijl ik blind was voor mijn eigen financiële realiteit.

Dus begon ik te kijken naar de beslissingen die ik over geld had genomen, wat ik geld voor mij had laten betekenen – hoe ik het zo belangrijk had gemaakt, hoe het mijn god was, hoe het de manier was waarop ik liefde ontving of hoe ik over mezelf dacht als ik geld had. Ik voelde me niet goed over mezelf als ik geen geld had.

En toen begon ik te vragen: "Wat is daarbuiten?"

Wat is dit geldding dat iedereen op de een of andere manier een probleem mee heeft? Het loopt uiteen.

Ik heb veel geld gehad, en ik heb geen geld gehad. En ik heb een zeer grote gemeenschap van mensen met veel geld – en ze hebben evenveel problemen met geld als mensen zonder geld.

Het maakt niet uit of je niets hebt, miljarden, miljoenen, of quadriljoenen. Er zijn altijd nog problemen met dit ding genaamd geld – niemand ontsnapt eraan.

Toen mijn vader overleed, begon ik na te denken: "Wat is dit? Wat is de betekenis van dit ding genaamd geld waar iedereen ervoor kiest niet van te genieten?"

En zelfs als ze ervan genieten, zijn ze altijd bang voor: "Wanneer ga ik het verliezen? Wanneer heb ik het niet meer?"

Er zijn allerlei syndromen – bijvoorbeeld 'vraatzucht of hongersnood', 'hard werken/knecht mentaliteit', of 'hard werken, het kan niet makkelijk zijn'. Of, 'ik ben een soort van boer en ik zal altijd eigendom zijn van iets,' en 'ik moet voor iemand anders werken, omdat ik niet voor mezelf kan beginnen, want als ik voor mezelf begin, hoe ga ik dan eigenlijk voor mezelf zorgen of iemand anders voor mij laten zorgen?'

Al deze dingen gebeuren in deze realiteit en gebeurden ook in mij.

Toen mijn vader overleed, verloor ik letterlijk alle toegang tot alles. Het werd volledig van me afgenomen en ik had niets meer over. Je vraagt je waarschijnlijk af waarom ik überhaupt toegang had tot de rekening van mijn vader. Laat me dat iets later uitleggen.

Ik herinner me dat ik bij een tankstation stond en mijn pasje in de pomp stopte om te tanken zoals ik normaal deed. Ik hoefde daar nooit twee keer over na te denken. Dat betekent niet dat ik geen geldproblemen of tekort aan middelen had tijdens mijn tijd op deze planeet, maar op dat moment was er niets.

Ik dacht: "Hoe ga ik hiervoor betalen? En hoe ga ik leven?"

Ik had nooit zo hoeven denken omdat ik altijd mijn vader had. Hij maakte het me heel gemakkelijk en zei altijd: "Wat zou je willen?" Ik wist nooit wanneer het zou komen, en het was altijd een soort grap: "Oké, ik ga naar de kelder, haal de drukpers tevoorschijn en je hebt het op je rekening." Hij was op veel manieren mijn geldautomaat, mijn pinpas – geen pincode, geen wachtwoord, gewoon vragen en ontvangen.

Het was het gemakkelijkste wat ik ooit heb ervaren, maar het kwam van iemand anders. Jullie begrijpen dat, toch? Het had niets met mij te maken; het kwam van buiten mij.

En toen hij er niet meer was, stond ik daar bij dat tankstation en dacht: "Ik heb geen idee wat het betekent om geld te hebben, wat het echt betekent om geld te sparen, of om een toekomst met geld te plannen op het niveau waarvan ik wist dat ik het echt nodig had, omdat alles werd opgevangen door iemand anders."

Was ik close met mijn vader? Woonden we dicht bij elkaar? Nee, hij was aan de andere kant van het land. In feite zagen we elkaar zelden of spraken we elkaar zelden aan de telefoon. Dat was de relatie, en de afstand was behoorlijk groot, maar het was oké. Het was wat we deden.

Vanaf zeer jonge leeftijd zei hij tegen me: "Lisa, het is niet alleen een mannenwereld. Het is een vrouwenwereld. Wees je eigen baas, doe wat je leuk vindt en neem nooit genoegen, verdien je eigen geld, wees gelukkig."

Dus dat deed ik, en hij maakte het me gemakkelijk, hoewel dat niet betekent dat ik niet hard werkte van 's ochtends tot 's avonds. Ik hield van en genoot van wat ik deed, mensen helpen.

Maar dan, even vooruitspoelen, bracht zijn dood me onder ogen dat, "Oh, ik kan mensen alleen begeleiden zo ver als ik zelf ben gegaan." Het was een blinde vlek die tot dan toe niet was onthuld. Ik wist niet eens dat hij ziek was, en hij overleed toen ik in het buitenland was zonder dat ik afscheid van hem kon nemen, behalve via de telefoon, wat perfect was. Het is eigenlijk een mooi verhaal.

Hij wilde dat ik overal was, deed wat ik leuk vond en mijn leven leefde. Ik hoefde er niet bij te zijn. Het klinkt misschien als een rechtvaardiging voor sommigen, maar voor mij is het iets wat ik echt heb belichaamd.

Als je iets weet over mijn verhaal, weet je dat de andere dingen die er in het huishouden gebeurden niet zo gemakkelijk waren, dus ik had een beetje rechtmatig gevoel. Het was alsof: "Verdorie, gezien de 2 ½ decennia van misbruik en geweld die ik in mijn jeugd heb geleden, van seksueel tot financieel, tot fysiek, tot emotioneel, tot psychisch, tot energetisch," vond ik dat ik wel een beetje gemak verdiende – een vader die geen wachtwoord of pincode nodig had voor een geldautomaat – nou ja...

Ik vond dat ik dat verdiende, gezien wat ik had geleden.

Ik was echt dankbaar voor die ervaring, want hij was er vanaf het begin voor me, en zelfs in zijn dood hield hij me hiermee een spiegel voor, "Als ik weg ben, wie heb je dan nog?"

En toen realiseerde ik me wie ik had; dit is hoe mijn geldsituatie veranderde.

Ik had mezelf.

Alles werd me afgenomen; elk beetje geld en toegang tot geld dat ik ooit in mijn leven via mijn vader had, werd volledig afgenomen met zijn dood. Ik stond daar zonder toegang tot contant geld, zonder toegang tot bankrekeningen, creditcards, niets. Op dat tankstation die dag wist ik dat mijn vader weg was, en er was niemand op deze planeet op wie ik financieel kon rekenen om me te helpen.

De enige persoon, het enige dat ik had, was ik – en ik moest iets compleet anders doen. Hier kwam ik recht-streeks de leugens van geld onder ogen – alles waarin ik had geloofd, de persona die ik eromheen had ontwikkeld, de veiligheid die er zogenaamd via hem was – alles.

Hij noemde me altijd Li-li. "Natuurlijk, Li-li, ik ga naar de kelder en zet de drukpers aan, druk wat geld voor je, en het zal op je rekening staan."

Ik wist nooit wanneer het zou komen. Het kon twee weken duren, een maand, drie maanden, of de volgende dag, maar ik zag het altijd op mijn rekening. Zo werkte het met hem.

Ik was in shock, kijkend achter me en denkend, "Wat betekent het om financieel op jezelf te steunen? Wat betekent het om echt, echt op jezelf te steunen en in de wereld te staan zonder afhankelijk te zijn van iemand, zonder op iemand te projecteren, zonder van iemand te trekken, zonder van iemand te zuigen, zonder jezelf te slachtofferen om geld te krijgen, zonder te verdedigen tegen autoriteit, zonder zelfs maar te aligneren met de tragedie of het trauma of het drama van je eigen verhaal? Want geloof me, als je wilt gaan zitten en over een verhaal wilt praten, ik heb er een."

Ik herinner me dat ik dacht: "Wow, dit wordt de eerste keer dat ik mijn financiële realiteit belichaam."

Ik had geen idee dat het overlijden van mijn vader me geen andere keuze zou laten dan op mijn eigen benen te staan – dat het mij zou zijn die mezelf belichaamde en wist hoe het voelt, ruikt en smaakt om op mezelf te steunen en volledig het slachtofferverhaal, het trauma en dramaverhaal, het catastrofeverhaal achter me te laten.

Ik had geen idee dat mijn gewelddadige achtergrond, de twee en een halve tot drie decennia van misbruik die ik doorstond en leed, het stralende baken zou zijn waardoor mijn eigen leugens over geld naar voren zouden komen en me zouden bewegen voorbij de kooi van vernietiging en dood en schaarste, uitgeven maar niet hebben, en veel geld verdienen omdat ik altijd veel geld verdiende, maar mezelf nooit toestond het te behouden.

Iedereen anders was belangrijker.

Mensen die een relatie met mij hadden, deden het heel goed. Geloof me, ze vragen nog steeds. Ik zei onlangs voor het eerst in lange tijd nee tegen iemand. Ik zei: "Nee, ik heb je net geld gegeven. Betaal dat geld terug via een betalingsplan, en dan praten we verder." Dat is mijn New Yorker die naar buiten komt. Maar dat is hoe het voelt om op mezelf te steunen en ja te zeggen als het echt een ja is en nee te zeggen als het een nee is.

6

DE OPKOMST VAN MIJZELF

De dood van mijn vader katapulteerde mijn bedrijf, mijn wezen, mijn lichaam, en het werk dat ik in de wereld ging doen om financieel wakker te worden. En ik wist niet dat dit voor het eerst zou betekenen dat ik mijn financiële realiteit zou gaan leven.

Wat zich ontwikkelde, is wat ik nu de kooi van misbruik, radicale levendigheid, en de brug naar jouw gemak naar die levendigheid noem.

De kooi van misbruik is wat ik de '4 D's' noem: Ontkennen, Verdedigen, Dissociëren, Ontkoppelen (Denying, Defending, Disassociating, Disconnecting).

In het verhaal dat ik je vertelde, kun je alle ontkenning zien waarin ik leefde door wat mijn vader me zo natuurlijk gaf? Het verdedigen tegen het opkomen voor mezelf en het dissociëren van mezelf, zodat ik het geld kon hebben zoals ik het verdiende en creëerde.

Toen was ik degene met wie je wilde omgaan. Ik legde een paar honderd dollar op tafel, en als we dat geld op hadden, legde ik mijn creditcard op tafel. Mijn vrienden en ik hadden elke donderdag-, vrijdag-, zaterdag- en zondagavond een geweldige tijd. Ik voelde me zo genereus, zoals mijn vader.

Dit leidde tot een hele kooi van misbruik rondom geld, waarin het zo beperkend en zo beklemmend was dat ik hard kon werken, veel geld kon verdienen – maar ik kon het nooit behouden.

Ik had het voor een tijdje. Het was als het 'vreet en purgeer' syndroom. Ik had er veel van en dan was het, "La-la-la-la-la-la-la" gevolgd door, "Oké, nu moet ik het weer doen."

Vraatzucht of hongersnood.

Ik had inkomen en was niet volledig afhankelijk van mijn vader, maar ik had geen enkele back-up als het om mijn geld ging. Ik had geen gevoel van sparen of het geld in mijn zak houden.

Bij het bewegen naar radicale levendigheid werd ik wakker bij dat tankstation. Niet in staat om iets te betalen, dacht ik, "Oh, ik moet voor mezelf kiezen. Ik moet mijzelf en mijn financiële realiteit serieus nemen."

Ergens onderweg had ik gehoord: "Vraag, en je zult ontvangen." Dus, zoals ik erover denk, samenzweert het Universum om me te zegenen. Het maakt deel uit van de '4 C's': Verbind je aan mij, Kies voor mij, het Universum samenspant om mij te zegenen en wil met mij samenwerken, en dan Creëren.

Dat noem ik radicale levendigheid, en je beweegt van de kooi naar radicale levendigheid via de "4 E's" – voor jouw gemak – Omarmen, Onderzoeken, Belichamen, en Uitbreiden (Embrace, Enquire, Embody and Expand).

Omarm wat er ook gebeurt, Onderzoek met een vast-beradenheid van bewustzijn en waarheid. Onthoud, je kunt jezelf alleen zo ver brengen als je jezelf kunt laten gaan en zien, en je kunt iemand anders alleen begeleiden als je met andere mensen werkt, zover als je zelf bent gegaan. Ze kunnen niet verder gaan dan jij als jij niet verder bent gegaan.

Dus ik ben dankbaar voor alle leugens over geld die via mijn vader kwamen, die zelf uit een zeer arme, Brooklynse, ongeletterde, alcoholistische familie kwam, en die aan mij werden gegeven door zijn overlijden.

Ik wist het niet tot dan toe, vanwege wie hij was. Hij zei: "Ik heb nooit iets gehad, jullie hebben alles, ik wil zien dat jullie het gebruiken en gelukkig zijn terwijl ik leef." En dat is precies wat hij deed.

7

GELOOF EN REALITEIT

Weet je dat je overtuigingen ook je lichaam en de vorm van je lichaam creëren? En weet je dat je overtuigingen ook je financiële realiteit creëren?

Of voel je je ooit gewoon vastzitten, zoals een bufferend computerscherm? In wezen, wanneer we ons vast voelen zitten, zijn het onze standpunten die vastzitten. Misschien heb je zijwaartse bewegingen en veranderingen gemaakt, maar je bent nooit verder gegaan dan die beklemming en die beperking.

Je wordt beter – maar nooit verder dan dat.

En dat heet overleven en floreren, maar nooit radicaal levend zijn. Dus, hoe komen we hieruit?

Opnieuw, een verschuiving van één graad is alles waar we naar op zoek zijn.

En als je nu denkt en alle oordelen, beslissingen, conclusies, berekeningen, configuraties, scheidingen, oorlogen, trauma's, drama's en catastrofes in de hele wereld op dit moment met betrekking tot geld waarneemt, is een verschuiving van één graad op deze planeet enorm. Het heeft de capaciteit om de wereld op zijn as te doen draaien.

Dus, hoeveel van jullie geloven dat je hard moet werken voor je geld om het te verdienen? Hoeveel van jullie geloven dat er geen leugen is, dat het de absolute waarheid is?

Overweeg nu dit: hoeveel van jullie lichamen geloven echt dat er geen onwaarheid is, dat het een onbetwistbare realiteit is? Terwijl je geest misschien erkent dat geld verdienen niet altijd zwaar werk vereist, is je lichaam misschien niet op dezelfde golflengte.

Geloof je dat het idee van hard werken voor je geld alleen een mentaal construct is, niet gerelateerd aan je lichaam? Wanneer je geest en lichaam tegenstrijdige overtuigingen hebben, creëert dit een conflicterende realiteit.

Laat me je een paar vragen stellen. Terwijl ik je vragen stel, let op wat er in je lichaam gebeurt. Als je je licht, expansief en koel van energie voelt, is dat een teken van waarheid.

Daarentegen, als je dichtheid, beklemming voelt, of je gedachten afdwalen naar je plannen na de sessie en een verlangen om snel te vertrekken, dan onthul je misschien wat je als waarheid waarneemt, maar dat in feite een onwaarheid is. Dichte beklemming duidt op een leugen, terwijl expansie, een bruisende energie en een koele sfeer wijzen op de waarheid.

Dus, echt, erken je dat je een conflicterende realiteit hebt over geld? Deze conflicterende realiteit is de leugen waar je aan vasthoudt, en door een leugen te volgen, houd je het bestaan ervan in stand.

Hoeveel van jullie hebben conflicten over geld ervaren in je relaties met je partners? Dat is precies wat ik bedoel met een conflicterende realiteit. Je lichaam houdt vast aan leugens die je conflicterende realiteiten vormen, waardoor een vibrerende realiteit ontstaat die je beperkt, en een zelfopgelegde kooi rond geld creëert. Dit construct, vaak aangezien voor creatie, is in werkelijkheid vernietiging en heeft niets te maken met kiezen voor jezelf, verbinden aan jezelf, of samenwerken met het Universum om in je voordeel te samenzweren.

Overweeg nu dit: Is het geloof dat je geldstroom afhankelijk is van je goedheid of slechtheid, of je niveau van inspanning, licht of zwaar in je? Let op de innerlijke tweestrijd, de schommelingen, de ontkenning, de verdedigingsmechanismen, dissociatie en ontkoppeling. Besef dat er binnen dit kader geen ruimte is voor keuze, wat de illusie van een universum zonder keuze creëert.

Laat me je echter geruststellen, het is nooit zo beperkt als het lijkt. Je overtuigingen en unieke perspectieven op waardigheid, goedheid, slechtheid, hard werken, of het gebrek daaraan, zijn niet intrinsiek aan jou. Je hebt deze constructies in deze realiteit verzameld, en hebt verklaard: "Dit ben ik."

Welkom in je financiële realiteit. Ik heb het ook gedaan.

8

EEN FINANCIEEL MISBRUIKENDE REALITEIT

Heel eerlijk gezegd, zelfs te midden van de mishandelingen – de verkrachtingen die ik heb doorstaan en die ik heb ervaren – is niets zo angstaanjagend als een nul op je bankrekening zien. Er is niemand om op terug te vallen; als dat moment eindelijk daar is, wie zal er dan voor je zijn? Het is een inherent angstaanjagende plek.

Ik geloof dat dit de echte epidemie van onze realiteit is. Onze oordelen, perspectieven en de opgelegde financiële, psychologische en psychische realiteiten die we aannemen, maken ons ziek, maken ons ongelukkig, en leiden ons naar het kiezen van relaties – ikzelf inbegrepen. Het is alsof we dingen blijven toevoegen, eindeloos blijven storten, en nooit vooruitgang boeken omdat we voortdurend verplicht zijn dat kaartje te valideren.

Dus, wie is de echte dader, de realiteit of wij?

Het is allemaal een vorm van mishandeling, tenzij we die verschuiving van één graad uit deze leugens maken. Dus, welke leugens bedoel ik?

De eerste is dat geld het bewijs is dat je gelijk of ongelijk hebt. Hoeveel van jullie geloven dat je gewoon gelukkig zou zijn als je geld had? Je zou zeker kunnen geloven dat je gelukkiger zou zijn als je geld had, omdat geld je meer keuzes geeft, nietwaar?

Maar de waarheid is het tegenovergestelde. Een van de leugens over geld die ik je hoop duidelijk te maken, is dat wat je denkt niet is wat je naar buiten projecteert. Wat je voelt en hebt belichaamd als de hamstervoorraad aan rotzooi – die je creatie noemt – is eigenlijk wat je geld en financiële situatie creëert, in tegenstelling tot wat je weet.

Je gedachten over geld en je financiële realiteit zijn vaak in conflict, en deze conflicterende overtuigingen creëren een realiteit van financiële misbruik en beperktheid. Als je gelooft dat geld bepaalt of je goed of slecht bent, blijf je in een cyclus van zelfoordeel en onzekerheid gevangen. Zelfs met meer geld ben je misschien nog steeds ongelukkig omdat je je niet losmaakt van de diepgewortelde leugens en oordelen die je financiële werkelijkheid beïnvloeden.

Om echt vooruit te komen en een gezonde financiële realiteit te creëren, moet je dieper kijken naar wat je geld werkelijk betekent voor jou en hoe je overtuigingen je relatie ermee beïnvloeden. Dat vraagt om een verschuiving in denken, een openstaan voor nieuwe perspectieven, en het doorbreken van de belemmerende patronen die je financiële welzijn belemmeren.

Ik moet bewijzen dat ik iets waard ben, en dat kan ik doen met geld.

Ik ben alleen beminnelijk als ik geld heb.

Ik ben alleen beminnelijk als ik aan iemand anders geef. Niemand zal ooit van mij houden om wie ik ben.

Ik zal nooit in staat zijn om financieel onafhankelijk te zijn. Ik zal altijd iemand anders nodig hebben.

Een gezin met twee inkomens is beter dan een gezin met één inkomen.

Dit zijn allemaal leugens die je lichaam belichaamt en weerspiegelt in je realiteit. Terwijl je geest naar alles kijkt wat ik hier zeg en nee zegt, zegt je lichaam ja. Je geest zegt "Nee," en je lichaam zegt "Ja." Je geest zegt, "Dat deed ik vroeger," je lichaam zegt, "Dat doe ik nog steeds."

Een manier om te achterhalen of je deze conflicterende realiteit hebt, is door een paar vragen te stellen. Dus stel je voor dat je geld met je zou praten, wat zou het tegen je zeggen? Denk er gewoon over na. Toen ik dit in mijn workshop vroeg, reageerden mensen met:

"Je denkt niet dat ik genoeg ben."

"Wat is dit nou?"

"Je hoeft je geen zorgen over mij te maken."

"Je laat me nooit toe."

"Je moet me koesteren."

Maar wat zijn deze reacties? Hadden we niet een gezonde relatie met geld moeten hebben?

Maar als je vergelijkbare reacties van je geld ontvangt, dan weet je dat je het verkeerd hebt gedaan. Je bent een slechte partner geweest.

Dus, hoe verkeerd ben je? Een beetje verkeerd, helemaal verkeerd, of een megaton mokka tapioca pudding met een walnoot erbovenop?

Hoeveel van jullie geloven in de mate van je verkeerdheid tot op zekere hoogte? Bovendien, hoeveel van jullie lichamen belichamen dat gevoel van verkeerdheid, simpelweg omdat je geest het ervan heeft overtuigd? Onthoud, je lichaam is ongelooflijk intelligent en dient als het zintuiglijke orgaan voor waarnemen, weten, zijn en ontvangen, capaciteiten die velen van ons zelden echt belichamen.

Overweeg dit perspectief als een 'Beyond' – een realisatie die zij verwoordde met, "Ik hoor hier niet eens te zijn, zo verkeerd ben ik." Maar onder dat oppervlak zijn we nog steeds op zoek, zonder de kern te hebben bereikt. Het blijft hangen in de somnambulante realiteit van verdoving, verdoving, dissociatie en een kooi – diep begraven. Echter, als we dat punt kunnen bereiken, kunnen we het eruit halen.

Toch vereist het een keuze om te leven, een keuze om je eigen financiële realiteit te omarmen, ongeacht je verhaal. Ongeacht je afkomst, je gezondheid, je tragedies, trauma's of eerdere ervaringen, niets kan je intrinsieke wezen wegnemen. Geen enkele leugen kan dat.

Wanneer we deze onwaarheden over onszelf aanvaarden en ons leven ernaar vormen, doordrenkt van een gevoel van verkeerdheid, projecteren we dit onvermijdelijk op anderen. Het is alsof je de wereld ziet door oordelen gekleurde brillen, een concept dat ik onderzocht in een Voice America Show getiteld "Zien door misbruik gekleurde brillen."

Waar beoordeel jij jezelf met geld, waardoor je een financiële realiteit in stand houdt die niets te maken heeft met de essentie van je wezen? Of het nu verbonden is met je voorouders, ouders, persoonlijke geschiedenis of jeugdige misstappen, we hebben de neiging om aan deze verhalen vast te houden en onszelf naar hun beeld te vormen.

Ik daag je uit om uit die cyclus te breken en de persoon te worden die rijkdom kan vergaren. Jullie, de mensen die hier aanwezig zijn, hebben de macht om deze realiteit te veranderen als je jezelf toestaat het te bezitten – en ik reken mezelf daar ook bij. Ik heb mezelf nooit toegestaan te hebben wat ik nu ervaar.

Toch is het hebben voor mij de diepste belichaming van heling geworden. Het is moeilijk te verwoorden, maar hebben – jezelf zijn, jezelf belichamen, aan jezelf verbinden, met jezelf samenwerken, voor jezelf kiezen en vanuit die ruimte creëren – dat is de waarheid.

9

———

GELD CREËERT, OORDEEL VERNIETIGT

Toen mijn vader begon met vastgoed en gedwongen verkopen in New York, was mijn taak om met hem in de kelder te zitten, waar hij zijn kantoor had. Hij had 16 appartementsgebouwen gekocht, meergezinswoningen, door huizen te flippen.

We verzamelden de huur en er lagen stapels geld. We gebruikten toen de oude rekenmachines en groene pads voordat we een computer hadden. Ik zat daar en stopte het geld in mijn mond. Ik rook eraan en het was allemaal een beetje vies, maar ik hield ervan.

Toen kreeg ik een baan bij de bank, en elke vrijdag kwamen alle advocaten binnen en stapelden verse, knisperende $100-biljetten, en dat is waarom ik van $100-biljetten houd. Ik dacht, "Ja, kom naar mijn kassa. Ik wil je $100-biljetten tellen."

Ik had deze fascinatie en liefdesaffaire met een financiële realiteit die me gewoon gelukkig maakte. Ik hield van het tellen en ik hield ervan om het te organiseren. Sterker nog, ik keek in de portemonnees van al mijn vrienden en zorgde ervoor dat ze hun geld organiseerden: eenen, vijven, tienen, twintigen, vijftigen, honderden.

Ik ken mensen die het gewoon in propjes hadden. Ik kon dat niet uitstaan. Ik zei dan tegen hen: "Wat doe je met je geld, behandel het beter, hou ervan en het zal naar je toe komen."

Ik ben een beetje OCD, denk ik, maar het betekende iets voor mij. Er was gewoon deze blije molecuuldans met geld voor mij. Ik hield ervan om in de kluis bij de bank te zitten en ik vond het geweldig wanneer de Brinks langskwam. Wanneer ze rondreden in de auto, dacht ik: "Ja! Naar welke bank gaan ze?" Ik was gewoon geobsedeerd. Ik weet niet wat jullie deden als kind, maar ik volgde geld.

Geld komt naar het feest van geluk.

Het komt niet naar het feest van depressie, beklemming en vreugde.

En geloof me, toen ik jaren geleden ziek werd met een levensbedreigende aandoening en de endocrinoloog zei: "Dood het, neem de rest van je leven medicijnen, of laat me je orgaan verwijderen," zei ik: "Er moet een andere keuze zijn."

"Die is er niet."

Herinner je je dat ik je vertelde over het hokjesdenken – dat ik niet in een hokje kan worden gestopt? Zeg me niet dat er geen andere keuze is, want ik zal het vinden.

En toen belandde ik bij een instituut genaamd het Theta Healing® Instituut en bracht daar 3 maanden door. Binnen 3 maanden had ik mijn Master's diploma in Theta Healing® behaald, en binnen 3 weken had ik de ziekte niet meer.

Hij had me verteld dat er niets was wat hij kon doen behalve medicatie, chirurgie om het te verwijderen, of wat hij me verder ook vertelde – en ik genas het allemaal energetisch.

Ik gebruikte elke cent die ik toen had om mezelf holistisch te genezen. Ik liet mijn huis los, mijn pensioen, alles voor die keuze. Ik wist dat ik het opnieuw zou doen. Het kostte me ongeveer $1 miljoen om mezelf natuurgeneeskundig te genezen. Geen gram farmaceutische middelen, en geen verzekering. Nou ja, ik had een verzekering, ik betaalde er al tientallen jaren voor, maar toen het moment daar was, hielp niets door mijn keuze voor een holistische aanpak.

Gelukkig had ik een arbeidsongeschiktheidsverzekering die mijn tante had geregeld, en zo kon ik naar het Theta Healing® Instituut gaan en mijn Master of Science in Theta Healing® behalen. Sommige mensen zouden zeggen: "Oh, mijn God, je zou dat geld moeten bewaren, omdat je zoveel schulden hebt." Ik dacht: "Dit gaat me genezen en dit gaat alles zijn. Ik ga dat geld hiervoor gebruiken."

Gebruik je geld om te creëren, niet om te vernietigen. Oordeel vernietigt.

Ik dacht na het Theta Healing® Instituut dat ik klaar zou zijn, maar toen ik een paar jaar geleden in Bali aankwam, wist ik niet dat een ander niveau van "Ik denk dat ik klaar ben met het leven" naar voren zou komen voor mij. Ik ging naar Bali voor verdere genezing.

Ik had veel dingen de rug toegekeerd, en ik voelde ook dat veel dingen mij duidelijk de rug hadden toegekeerd. Dus toen ik daar aankwam, was ik weer in zo'n sombere plaats met veel dingen, niet alleen geld. "Wat is het punt, wat is het doel van dit, dit, dit en dat?"

Daar lag ik, op een van de tafels in de hut van de genezer, zoals in het boek *Eat, Pray, Love*. Ze hadden een speciale persoon laten komen om aan mijn lichaam te werken, en hij haalde letterlijk deze leugens uit mijn lichaam die ik belichaamde. Ik deed er een radioshow over op Voice America genaamd *The Shards of Abuse*. Hij haalde het uit mijn lichaam en mijn geest dacht: "Waar heb je het over? Ik kan geen energie zien, ik kan zoiets niet zien, waar heb je het over?"

En toen gaf hij het aan mij. Het was eigenlijk een scherf.

Dit duurde zoiets als 8 uur. Het was alles wat ik over de wereld met me meedroeg, waardoor ik al die leugens over geld ken. Ik raakte heel dichtbij en persoonlijk in die 8 uur durende sessie waarin deze healer dingen uit mijn lichaam trok.

En toen, eindelijk, toen ik het voelde, opende mijn psychische zintuig zich nog meer en kon ik de energieën zien, ik kon de geloofssystemen zien. Ik zag de woorden en de mensen. Ik zag de beelden en mijn jeugd. Ik zag veel dingen. "Geen wonder dat ik zo graag dood wil, ik snap het. Wat is een betere manier om te gaan dan in Bali? Het is makkelijk."

Nou, er gebeurde iets anders of ik koos iets anders.

Op dat moment zei ik: "Ik heb nog meer te leven, want wat uit mijn lichaam komt, zijn allemaal leugens. En er is geen manier dat ik ga sterven door leugens. Ik wil verdomme leven en ik ga groot leven en ik ga BRULLEN!"

En dat besloot ik te doen, en ik veranderde de naam van mijn bedrijf naar Live Your ROAR® – Leef Je Radicale, Orgasmelevende Realiteit in plaats van The Beyond Abuse Revolution en The Beyond Abuse Movement.

Ik dacht: "Ik heb dat allemaal overleefd. En als ik overleefde dat scherven uit mijn lichaam kwamen en een oude grootvader die een mes in mijn borsten stak en zei: 'Sorry, sorry, het gaat een beetje pijn doen, sorry, sorry, het gaat een beetje pijn doen, sorry, sorry, het gaat een beetje pijn doen, dan'" – Het deed pijn, maar die leugens deden meer pijn.

Die zwaarte die je in je lichaam voelt, dat is een leugen, dat ben jij niet.

Hoeveel leugens projecteer jij op je geldstromen?

Want dat is wat ik leerde in Bali. Ik had een ontvangstprobleem. Een ontvangstweigering. Ik boycotte het.

Je lacht omdat ik weet dat jij dat ook deed.

Ik kwam letterlijk op het punt waar ik genoeg had geleden en genoeg was gestorven, en toen koos ik ervoor om alles te hebben, ongeacht wat. Ongeacht wat ik moest verliezen, ongeacht wie ik moest verliezen, ongeacht waar ik heen moest, ongeacht wat ik moest doen, de boeken zouden gepubliceerd worden, de radioshow zou viraal gaan.

Ik heb nu 205.000 luisteraars van 30.000. Het eerste boek gaat gepubliceerd worden, en dan gaan we aan de andere werken. En, en, en, en, en, en, en volledig – zelfs, sinds gisteren, mijn hele team dat ik mee werkte ontslaan – 12 mensen – hen 30 dagen opzegtermijn geven en opnieuw beginnen.

Wanneer ik zeg dat ik het ga hebben, dan ga ik het hebben.

Go big or go home, dat is wat er in Bali gebeurde.

Ik leefde al een deel daarvan eerder, maar wanneer je ogen open zijn en je alle leugens ziet en je die keuze maakt, beweegt de voorzienigheid mee. Wat deed ik? Ik koos voor mijzelf, ik verbond me aan mijzelf, ik werkte samen met het Universum dat samenspande om mij te zegenen en ik creëerde.

Niemand is verantwoordelijk voor iets. Geen enkele gebroken hart of wie ik ook was, had iets te maken met iets anders dan wat ik koos. Geen enkel probleem, geen enkele verkrachting, geen enkel misbruik, geen enkele klantmoeilijkheid, geen enkele juridische situatie, geen enkele familiesituatie, het maakte niet uit.

Het maakte me niet uit wie ik verloor of wat ik verloor, ik ging mezelf niet langer verliezen. Ik ging voor mezelf kiezen. En niets zou ooit meer hetzelfde zijn. Niets zou meer een projectie, een scheiding, een verwachting, een wrok, een afwijzing, een spijt hebben. Mijn lichaam zou niet meer lijden, mijn geest zou niet meer dezelfde weg bewandelen.

Alles wat ik na dat moment koos om te eten was anders. Alles wat ik koos om te drinken was anders. Alles wat ik in mijn lichaam stopte was anders. Iedereen met wie ik mijn lichaam deelde was anders. Serieus, alles was anders.

Er is een bepaald voedsel dat altijd mijn terugvalpositie was en ik hield ervan: pizza. In Californië kun je glutenvrije pizza krijgen, maar het is moeilijker te vinden in Texas. Hier kun je echter glutenvrije pizza krijgen, bij Good Earth. Ze hebben de beste glutenvrije paddenstoelenpizza, maar toen ik het daar vandaag zag, zei mijn lichaam: "Groenten."

Het is gewoon meer een vibratie, en wanneer je de leugens niet meer waarneemt en je er niet meer aan houdt, verandert de vibratie vanzelf. En dan veranderen en updaten wat je aantrekt, creëert, installeert en genereert naar die vibratie.

10

NEEM DE CONTROLE

Hoeveel van jullie vermijden de geldstromen die je zou kunnen hebben door te weigeren een beoordeelbare overtreding te zijn in deze realiteit? Stel je eens voor hoeveel meer geld er naar je toe zou kunnen komen als je open zou staan om door iedereen en alles beoordeeld te worden zonder dat het je beïnvloedt. Het idee is dat wanneer je jezelf actief probeert af te schermen van oordeel, je onbedoeld een doelwit voor kritiek kunt worden, wat de stroom van geld in je leven belemmert.

Zolang je ziek en depressief blijft, ben je een doelwit voor oordeel. Zolang je slachtoffer blijft en niet je eigen realiteit kiest, blijf je een doelwit voor oordeel. Zolang je met de vinger wijst naar de andere kant, ben je een doelwit voor oordeel.

Wanneer je begint met vingerwijzen, kun je er maar beter op rekenen dat er 100 miljoen vingers naar je terugkomen om je te vermoorden.

Ik had onlangs een ervaring tijdens een les waarbij mijn flyers op een tafel lagen, en toen ik terugkwam bij de volgende pauze, waren al mijn flyers en alles over mijn workshops weg, volledig verdwenen, met opzet.

Op dat moment geloofde ik de leugen dat er iets mis met mij was, dat ik iets deed waardoor iemand dat wilde doen – dat ik dat veroorzaakte. En toen ik daaruit stapte, dacht ik: "Wauw, wat ik ben is een beoordeelbare overtreding voor die persoon, voor de realiteit van die mensen."

Ik heb me gerealiseerd dat de grootste leugen waarin ik leefde, was dat ik sommige van deze dingen had gecreëerd.

Soms moet ik beseffen dat wat ik creëer, eigenlijk meer creëert voor andere mensen, en dat het geen fout van mij is. Het is een capaciteit waarin ik heb geleerd te stappen. Ik had het niet geraden omdat het nooit verschijnt zoals je denkt dat het zal doen.

Hier is een vraag waar ik je mee achterlaat:

Wanneer je in een geldkrapte zit, de kooi, vraag jezelf dan af: "Wat creëert dit, of wat zal dit creëren?"

Laat jezelf dat waarnemen.

Als het zwaar voelt, verander dan onmiddellijk. Als het licht voelt, ga ervoor en realiseer je dat, wat je ook kiest, er altijd 10 seconden later weer een andere keuze is.

Er is niets dat je tegenhoudt om het geld te hebben dat je wilt en nodig hebt om het leven van je dromen te leven.

Soms kiezen spirituele mensen ervoor om geen geld te hebben. Maar geen enkele God die ik ken, zou ooit willen dat we niet alles hebben, omdat wij de mensen zijn, jij bent de mensen, en de mensen daarbuiten wachten op jou om deze realiteit echt te kunnen veranderen door geld te hebben.

Je zou het kunnen uitgeven op manieren die deze realiteit bewust kunnen veranderen. Mensen moeten jouw stem horen, ongeacht welk levenspad je bewandelt, ongeacht wat je doet, en deze realiteit functioneert op geld. Dat is gewoon zo.

Jij mag kiezen welk standpunt en welke realiteit je wilt creëren met hoe deze realiteit functioneert – en niet uitwissen, sterven, je terugtrekken, niet meedoen, of jezelf laten lijden. Radicaal, orgasmische realiteit wordt jouw radicale bondgenoot, jouw orgasmische bondgenoot.

Creëer een levendige realiteit met geld – ik daag je dubbel uit.

Wees jezelf, voorbij alles, en creëer magie.

11

DE ENERGIE VAN GELD

Een van mijn favoriete manieren om over misleiding te praten, is door veel humor in het gesprek te injecteren. Ik reis wereldwijd en help individuen om door trauma heen te gaan en te creëren na misbruik. Dit vereist een zekere luchtigheid en gevoel voor plezier, want zonder dat zou het proces aanvoelen als een bittere pil om te slikken.

Om dit hoofdstuk te beginnen, wil ik je vragen of je open zou staan om jezelf toe te staan slechts één procent meer geld of contant geld te hebben dan je ooit hebt gehad. Overweeg nu: Wat kost het je om deze keuze niet te maken? (Kotszakjes beschikbaar achterin.)

Persoonlijk stond ik onlangs voor een cruciale beslissing over mijn bedrijf en het vooruitzicht om een nieuw marketingbureau in te huren. Het kwam neer op de keuze tussen wat ik niet moest doen en wat ik echt wilde doen. Kiezen voor het laatste betekende dat ik een aanzienlijk aantal mensen in mijn bedrijf moest loslaten, maar ik was in tweestrijd omdat ik de mensen aardig vond en veel moeite in hun werk had gestoken.

Neem even de tijd om in de spiegel te reflecteren: Waar heb jij jezelf in een soortgelijke situatie gevonden?

Het komt vaak neer op een gebrek aan geld of contant geld. Dan stapelen de rechtvaardigingen zich op: "Ik ben niet goed genoeg. Ik verdien het niet. Ik zou iemand kunnen kwetsen." We bouwen deze verhalen op, deze leugens.

Maar wat als we kozen voor de keuze die leidt naar alles wat we verlangen, degene die lichter en waarachtiger aanvoelt, in plaats van de leugen, die zwaarder en dichter is?

Waarom voelen we ons in deze realiteit aangetrokken tot leugens, dichtheid en zwaarte? We creëren deze onwaarheden en blazen ze leven in, om vervolgens ons af te vragen waarom we soms de behoefte voelen om onszelf te isoleren of wrok te koesteren tegenover anderen.

Uit eigen ervaring sprekend, schreef ik mijn scriptie over een concept genaamd "Zielafdruk". Onze zielafdruk is vergelijkbaar met onze vingerafdruk – een unieke markering die ieder van ons bezit. We dragen allemaal een unieke essentie die we hier zijn om op het weefsel van de realiteit af te drukken.

Wat je doet, is jouw unieke bijdrage. Of je nu advocaat, verpleegkundige, facilitator, acupuncturist, audiovisueel kunstenaar, massagetherapeut, ouder, investeerder, leraar of politieagent bent – dat is jouw afdruk. Ieder van jullie bezit iets unieks dat je moeiteloos afgaat, iets waar je van houdt. Toch leg je het om verschillende redenen misschien opzij en volg je een ander pad.

Je zielafdruk omarmen, jezelf toestaan deze volledig te belichamen, opent de deur naar gemak, geld, vreugde, vervulling, gezondheid, rijkdom en een leven vol plezier en mogelijkheden. Door in je authentieke zelf te stappen, kun je de kans op een meer vervullend en welvarend bestaan ontsluiten.

Laten we verder ingaan op het onderwerp ontvangen, in het bijzonder de energie die geld is. Mijn eigen achtergrond omvat het opgroeien in een gewelddadig en misbruikend huishouden, waar ik op jonge leeftijd gedwongen werd tot kinderpornografiemodellering. Deze ervaring gaf me inzicht in financieel misbruik en de frustratie van hard werken zonder de financiële beloningen te oogsten. Ik begrijp hoe het voelt om wrok te koesteren tegenover geld, om degenen om me heen, inclusief familieleden, instellingen en organisaties, niet te vertrouwen. Opstaan, aankleden, foto's maken, glimlachen – maar niet de compensatie ontvangen die verschuldigd is, maar iets totaal anders, donker, en verborgen achter de schermen.

Nu, overweeg deze vraag: Wie ben jij in relatie tot geld, tot contant geld?

Wat ik heb ontdekt over de leugens die we onszelf vertellen over geld, is dat ze draaien om twee hoofdleugens: *wie we zijn met geld en wat we zijn met geld.* De energie die we uitstralen speelt een significante rol, en binnen die energie creëren we een bepaalde realiteit. Het gaat erom het 'wie' en het 'wat' te herkennen.

Overweeg dit: Als je een 'wie' en een 'wat' bent, wat ben je dan niet? Jezelf. Toch label je deze staat misschien ten onrechte als waarachtig.

De energie die op dit moment aanwezig is, is een representatie van de leugens die we belichamen. Ik spreek de leugens aan, zowel erkend als verborgen, gezien en ongezien. Sommigen van jullie zijn zich misschien niet volledig bewust van het 'wat' en het 'wie', maar het ontdekken van wie je hebt vertrouwd om je geldstromen te creëren kan aanvankelijk frustratie opwekken, gevolgd door diepe dankbaarheid.

12

WIE, WAT EN OORDELEN

Laten we nu de derde leugen verkennen: de oordelen die je weigert te ontvangen belemmeren je financiële voorspoed. Het kan verleidelijk zijn om dit als overweldigend te beschouwen, je te verdiepen in 'wie', 'wat', en oordelen. Maar als ik de leugen van geld zou samenvatten, bestaat deze uit een 'wie', een 'wat', en een oordeel.

Je eigenwaarde is niet verbonden aan je nettowaarde.

Uit mijn workshops blijkt telkens weer dat het echt in onszelf ligt om de leugens die we kiezen te geloven en te verwezenlijken, te herkennen. En het vereist het onthullen van die leugens, als je wilt, om alles te onthullen zodat je kunt zien wat waar is.

Er zijn zoveel leugens die mensen niet willen loslaten

zodat ze daadwerkelijk kunnen kiezen. Jullie weten dit allemaal, maar ik vertel het je toch.

Het ironische is dat, als oneindige wezens, contant geld en geld ons vrijheid, keuze en mogelijkheden bieden. Dus waarom, ondanks dit besef, onderwerpen we onszelf consequent aan stress, strijd en niet-genoeg-zijn, waardoor we keuzes moeten maken tussen nood-zakelijkheden zoals vakanties en pensioen? Logisch gezien slaat het weinig op.

Laten we nu deze leugens verkennen: Wie ben je met geld? Wat ben je met geld? We zullen oordelen afzon-derlijk behandelen. Begrijp dat je financiële realiteit wordt gevormd door de 'wie', 'wat' en oordelen die je weigert te erkennen. Ben je bereid om dat zelfs maar één graad meer te veranderen?

Slechts één graad.

Laten we naar het 'wie' gaan. Laten we de leugens van je af halen.

Je wist niet dat je naar een gewichtsverlieskliniek ging, toch? In plaats van "kom in mijn buik", wordt het "ga uit mijn buik".

Ik zal wel met betere grappen komen. Eerst zal ik mezelf moeten koelen met mijn honderd-dollar biljetten. Laten we lachen om de dissociatieve vlucht van onze geldstromen die we hebben gecreëerd.

Bijvoorbeeld, ik herinner me mijn vader. Hij nam een stapel van honderd-dollar biljetten, ongeveer twintig, en hij legde die op het aanrecht bij de zijdeur van mijn ouderlijk huis voor mijn moeder. Hij deed dit elke week op een maandag voordat hij de deur uitging.

Toen ik een kind was, dacht ik: "Verdorie, ja."

En dan was er mijn moeder... tromgeroffel, alsjeblieft... die zo boos op hem was, zo boos. Het leek leuk – $2.000. Hij liet het achter om zo snel mogelijk weg te komen, haar met geld te voeden. Ze nam dat geld en liet ons dingen kopen. Hebben we daar ooit om gevraagd? Hebben we ze gewild?

Ik niet, want een van die dingen was 8 of 10 van die stomme, enge Cabbage Patch poppen. Ze hadden adoptiepapieren of zoiets. Het was de grote rage in het begin van de jaren 80. Vervolgens zette ze ze op de bovenste plank in mijn kamer, en ik liep mijn slaapkamer binnen, "Oh mijn God! Wat is dat?" Want we hadden het nodig.

Toen sneakers en kleding voor mij, mijn broer en mijn zus – gewoon alles – en dan was het weer weg. We zaten in al deze verschillende activiteiten. Nogmaals, nooit gevraagd, gedwongen om mee te doen.

Cheerleading, ik haatte het. Ik herinner me nog steeds het cheerliedje: "S-U-C-C-E-S-S. Dit is de manier waarop we succes spellen," wat het team ook was. Ik haatte elke minuut ervan, net zoals ik het haatte om op te staan en model te staan.

Voor mij had geld veel verschillende betekenissen. Het betekende misbruik. Het betekende wrok. Het betekende weggaan. Het betekende ontsnappen. Het betekende "FU". Het betekende: "Ik zal je krijgen." Hoe meer zij het geld uitgaf, hoe meer hij geld moest geven, en hoe meer hij moest vertrekken en werken voor het geld. En hoe meer hij vertrok en ging werken voor het geld – nou, het bleek dat hij een ander gezin had gecreëerd dat hij ondersteunde, wat we pas veel later ontdekten. Dat was wat hij deed.

Misschien zou ik dat ook doen, gezien wat daar aan de hand was.

Zij werd steeds wrokkiger, steeds bozer, steeds duurder, en al die wrok groeide tussen hen.

En dan zeiden ze: "Ik hou van je" tegen elkaar.

Hier ben ik dan, een klein kind dat hen gadeslaat. Dit is nog steeds bij het 'wie' – de eerste leugen over geld. Er zit daar veel in.

Dus ze komen binnen en zeggen: "Oh, ik hou van je."
"Ik hou ook van jou."

En ik keek naar hen en dacht: "Er is iets gaande daar dat een leugen is, want daaronder zit de buik van dood en vernietiging en ijspriemen en geweren en machetes en sikkels en, en, en Wereldoorlog III."

Ik moest kiezen wie ik ging zijn.

Hoe kies je als kind tussen je moeder en je vader?

Ik koos het slechtste van hen en het beste van hen, zoals je doet op de leeftijd van 3, 4, 5, 10, 15 of 20 jaar.

Meestal haatte ik haar en alles wat met geld te maken had, de manier waarop zij was. Ik gaf haar jarenlang de schuld. Ik hield van hem omdat ik in de kelder bij hem zou zitten, werken en de huur van zijn appartementen beheren. Hij was leuk; zij was gemeen. Althans, zo geloofde het kind in mij.

Hij was een accountant met een master in bedrijfskunde en vastgoed, en in het begin van de jaren 80 was het helemaal hip om appartementengebouwen te kopen en gedwongen verkopen om te draaien in New York, New Jersey en overal langs de Hudson. Hij kocht gebouwen met 20 appartementen voor $10.000 omdat ze in gedwongen verkoop waren. Hij verdiende miljarden dollars zonder miljarden dollars uit te geven.

Mijn taak als kind was om daar in de kelder bij hem te zitten. Hij had zijn bureau. Ik had mijn bureau. Ik voelde me zo professioneel. En ik was weg van haar. Serieus.

Ik dacht: "Ja, papa!"

Ik leerde ook veel andere dingen. Ik telde het geld. Herinner je je die groene grootboekboeken en potloden? Herinner je je potloden met gummen? Die oude rekenmachines en zo meer?

Het was letterlijk contant geld. Het was een volledig contante zaak. Mijn taak was om alle huur te balanceren, het geld te tellen en het op volgorde te leggen. Daarom leg ik mijn geld tot op de dag van vandaag nog steeds op volgorde. Ik schrijf dit toe aan hem. Je kunt de liefde erin voelen. Mijn honderdtjes blijven bij de honderdtjes. Alles is in orde. Ik heb geen controledrang. Ik heb geen OCD. Ik hou gewoon van mijn geld geordend. Dat is wat ik als kind deed.

Stapels en stapels geld... Ik likte eraan. Ik hield ervan.

Ik hield van de geur. Ik hield van de smaak.

Ik werkte zelfs in een bank tijdens de zomers van mijn studietijd omdat ik van geld houd. Ik hield ervan wanneer de Brinks-trucks langskwamen. Ik ging met hen mee naar binnen en speelde met alle juwelen en het geld. Dat heb ik van hem geleerd.

Maar het werd deze polarisatie over geld vanwege wat ik van mijn moeder dacht, waar je tot volgend jaar naar zou luisteren als ik begon. Ze is mijn beste bron geweest voor mijn beste stand-up comedian materiaal in mijn werk als facilitator. Ik heb zoveel van haar geleerd.

Ik moest mij afstemmen op hem en instemmen met hem, terwijl ik haar weerstond en reageerde op haar, en dit creëerde al deze verschillende leugens rond geld. Ik moest op de ene manier verwezenlijken wat hij tegen mij zei, maar ook op een andere manier wat zij voor mij betekende.

En wanneer je een tegenstrijdige realiteit verwezenlijkt, krijg je niets anders dan catastrofe en crisis.

Nu, het 'wat'. Wat ben je aan het zijn wanneer je de gemeenschap bent – je moeder, je vader, het verstoppen, het niet delen – al de dingen die we hebben besproken.

Wat ben je aan het zijn? Waarheid.

Wat ben je aan het zijn met geld wanneer je de 'wie's' leeft? Je leeft in 'wie-ville', wat 'poep-ville' is.

Wat ben je aan het zijn? Je bent de gedachten en gevoelens van iedereen om je heen aan het zijn. En wanneer dat verwezenlijkt wordt, wat is dat dan?

Het is een leugen. Het is niet waar.

Het ben jij niet.

Maar, letterlijk, wat ben je aan het zijn wanneer je een leugen bent? Hoe manifesteert dat zich voor jou? Wat ben je aan het zijn?

Moe. Bekneld. Dat is het 'wat'.

Dus hier ben je dan, je bent de 'wie' – je vader, je moeder, je gemeenschap, de wereld, toch?

En nu ben je het 'wat,' wat de slaaf is, de "Ik kan niet, ik wil niet."

Dit 'wat' is een leugen. En 'wie' het is, is niet eens van jou, maar je verwezenlijkt het en je leeft het. Dus dan word je de slaaf. De beklemming. Degene met de ziekte. Degene die chronisch moe is. De "Hoe hard ik ook probeer... Ik deed zoveel... alles had nu al veranderd moeten zijn. Ik heb zoveel geld uitgegeven."

Weet je wat er gebeurt als je gelooft? Je laat je lichaam achter.

Dus al die 'wat's' – deze beklemmende energie – waarvoor je alles zou riskeren en je lichaam zou achterlaten, moeten voorgoed worden veranderd.

Omdat ik weet dat als ik voor mezelf kies, ik me aan mezelf verbind en samenwerk met het universum dat samenspant om mij te zegenen. Ik creëer; ik geef om iedereen, inclusief mezelf.

Maar ik ben eigenlijk nog slimmer, en ik weet wanneer iemand iets tegen mij zegt, dat ze ofwel willen veranderen of gewoon tegen me liegen.

Als je ervoor kiest om iemand te helpen zonder hun expliciete verzoek, is er een risico dat ze wrok tegen je ontwikkelen. En dat blijft dan aan je kleven als lijm.

Dus al hun haat, al hun projecties, al hun scheiding die je op je lichaam hebt vastgezet, en die de 'wie' en de 'wat' als je financiële realiteit creëren, moeten worden opgelost.

13

CASH VS. GELD

Heb je ooit nagedacht over het verschil tussen hoe geld je laat voelen en hoe cash geld je laat voelen? Voel je soms dat het ene zwaarder is dan het andere?

Je kunt het omdraaien op de manier die voor jou werkt, wat juist en licht voor jou is. Er is niets in steen gebeiteld.

Ik heb eigenlijk een workshop gedaan – een telecall-serie – genaamd Losing the *Lack of Cash Flow*. Ik heb acht weken alleen aan contant geld besteed, hoewel ik weet dat contant geld ook geld is.

Er is gewoon iets dat apart is, en ik heb niet echt een direct antwoord voor je daarop. Ik kan je mijn interessante gezichtspunt geven.

Ik weet dat ik geld op de bank heb, een pensioen, en investeringen. En ik weet dat ik contant geld heb. Maar het contante geld dat ik graag zou willen hebben, zou op een andere manier zijn dan mijn geld. Ik hou ervan om het in mijn portemonnee te hebben, hoewel niet al mijn geld in mijn portemonnee zal passen.

Wanneer ik reis, wat ik veel doe over de hele wereld, heb ik graag contant geld en veel contant geld bij me. Ik vind het fijn om altijd te weten dat, bijvoorbeeld, wanneer je in India bent geweest en je kaart wordt gestolen en je niet terug naar de Verenigde Staten kunt, en ze niet weten dat jij jij bent omdat je mobiele telefoon de code niet ontvangt die ze naar je moeten sturen om te bevestigen dat jij jij bent en je hebt geen geld en je kunt nergens mee naartoe – dat is een energie waarin ik niet wil zitten.

En ik heb er iets te vaak in gezeten, evenals het zien van nul op mijn bankrekening iets te vaak.

Dus ik hou ervan om geld te hebben, en ik hou ervan om contant geld te hebben. Ik speel graag met beide. Dat is mijn interessante standpunt. En er kunnen hier ook heel wat leugens aan verbonden zijn. Dit doet me denken aan mijn workshopinteractie met een deelnemer. Toen ik mijn visie op contant geld en geld beschreef, reageerde zij met haar eigen nieuwsgierigheid.

Ze zei: "Dit is echt goed. Dank je voor de verduidelijking, want het brengt het ergens anders naartoe. Met contant geld, dus, naar jouw punt, besef ik dat geld comfortabeler en veiliger voelt omdat het bijna ontastbaar is. Contant geld is tastbaar en, misschien vanwege waar ik ben opgegroeid, trok het hebben van zoveel contant geld veel aandacht en kun je zomaar beroofd worden. Naar de bank gaan en een grote hoeveelheid contant geld opnemen was zo eng."

"Waar ben je opgegroeid?"

"Venezuela."

"Ja, dat ken ik goed. Venezuela, het land van twee sets boeken. Wat je laat zien en wat niemand weet."

"Dus nu ik dat gezegd heb, vraag ik me af of er een leugen achter zit, omdat ik me comfortabel voel met het geld, maar als het op contant geld aankomt –"

"Er IS een leugen. Je hebt het net gezegd, dat, 'Als ik contant geld heb, wordt het gestolen. Het wordt beroofd. Dus daar is de 'wie' meteen. Dat is de leugen."

Ze had geleefd met de leugen dat contant geld altijd wordt gestolen. En dat moet veel problemen voor haar hebben veroorzaakt, zoals je je kunt voorstellen.

Stel je voor dat de leugen de naaf van een wiel is, en je gelooft erin.

Je moet de spaken van het wiel plaatsen om die leugen op zijn plaats te houden. Dan moet je de velg eromheen zetten om dat wiel vast te houden en vervolgens de band eromheen, en dan moet je hetzelfde doen aan de andere kant.

Je zit zo strak vast in je vaste standpunt dat er niets anders dan beroofd worden van je contant geld naar je toe kan komen. Dus in plaats van "Geld kom, geld kom, geld kom," is het als, "Steel van me, steel van me, steel van me, alsjeblieft. Neem van me, neem van me, neem van me."

Het is als, "Vraag en je zult ontvangen." Het universum spant samen om je te zegenen. Er is geen onderscheid tussen wat je uitzendt en wat het je geeft. Het geeft je precies waar je om vraagt.

Als je gelooft dat iemand tegen je zal liegen, zul je die leugen aantrekken. Als je gelooft dat iemand van je zal stelen, zul je die dief aantrekken. Als je gelooft dat je iemand moet helpen en dat je beter kunt voorzien dan zij voor zichzelf kunnen zorgen, zul je je spullen gestolen zien worden of je ideeën gekopieerd, wat dan ook.

Het zijn allemaal vaste posities. En ze beperken je potentieel.

14

OORDELEN

Toen ik mezelf genas van een levensbedreigende ziekte met energieheling en Theta Healing™ – was ik zo bang dat de licentieborden me zouden bellen om mijn licentie af te nemen, omdat ik mijn handen op mensen legde. Dat is een behoorlijk groot oordeel. Heb je ooit een beoordeling als die meegemaakt? Ik heb er een paar doorstaan. Het is geen pretje. Zoek naar zulke oordelen.

Neem die energie, waar je die ook ervaren hebt en in welke situatie in je leven, en voel waar je die in je lichaam voelt. Breid nu, voor een moment, je energie van ruimte uit tot een miljoen mijl, omhoog, omlaag, links, rechts, voor en achter, terwijl je nog steeds voelt waar dat oordeel je in je hoofd of lichaam raakt.

Wat het ook is – je grootste angst, je grootste zorg – en waar het ook is – adem energie in door de voorkant van je, door de achterkant van je, naar rechts, naar links, door je voeten omhoog, door je hoofd omlaag.

Word nu zo groot als de aarde.

En groter en groter, terwijl je nog steeds dat oordeel voelt.

Trek nu dat oordeel – "Ik ben gek, jij bent gek, jij bent een eikel, je zou niet moeten doen wat je doet, je verdient deze licentie niet, die licentie niet, je bent gewoon narcistisch, je wilt alleen mijn geld, je bent gestoord. Je zou moeten worden neergeschoten, vermoord, verminkt, gemarteld, opengereten (dat is een ander leven) – wat het ook is, trek het helemaal door je heen.

Waar je die energie in je lichaam ook waarneemt, als het er nog is. Stuur dat oordeel terug naar de afzender met bewustzijn, en vertel me wat je opmerkt.

Lichter, meer expansief, of dichter en meer beperkend?

Ten eerste ben je niet vast komen te zitten in het oordeel. Ten tweede heb je het oordeel genomen en het uitgebreid als ruimte. Wanneer oordeel en dichtheid worden getroffen met ruimte, laat de dichtheid los en heerst de ruimte.

De meesten van ons verkrampen, verdedigen, en doen het Amerikaanse ding, wat het litigieuze maatschappijding is. We gaan naar een advocaat, toch? Verkrampen en verdedigen.

In plaats van dat met oordelen te doen, wat de intrinsieke reactie is, blazen we het weg door ons als ruimte uit te breiden, het door ons heen te trekken, ons lichaam te vragen wat er verder is en ruimte te creëren, wat je dan meer opties, meer keuzes, meer mogelijkheden geeft, en je bent niet langer vastgekleefd aan andermans teerpop.

Doe wat ik zei of waar ik je doorheen leidde, want dat zal de ruimte openen om uit de leugen van de 'wie' en de 'wat' te komen waar je jezelf in verandert, in plaats van de financiële werkelijkheid die waar is voor jou.

Als je in keuze, mogelijkheid, creatie en generatie bent, ben je aan het toevoegen.

Dus alle oordelen waarvan je bang bent ze te ontvangen, zou je er iets meer van willen ontvangen zodat je daadwerkelijk de financiële voorspoed en overvloed kunt ontvangen die echt van jou is?

Dus, zolang je vasthoudt aan de oordelen, beperk je de hoeveelheid geld die je kunt hebben en de hoeveelheid geld die je van mensen kunt ontvangen. Dat is het echt vreemde, dus dat is weer een leugen.

De leugen is dat als je de oordelen blokkeert, je vrij zult zijn.

Maar wat ik zeg is, als je de oordelen financieel ontvangt, zul je meer geld, meer contant geld en meer keuzes hebben.

En wat zou ervoor nodig zijn om elke dag honderd miljoen dollar te creëren? Waarom gebruik ik honderd miljoen? Omdat er zoveel oordelen in zitten en er ook zoveel manieren zijn dat je er geen vorm, structuur of betekenis aan kunt geven. Wanneer dichtheid ruimte ontmoet, verdwijnt de dichtheid. Wanneer ruimte dichtheid ontmoet, heerst de ruimte. Wanneer ruimte heerst, zijn er keuzes, mogelijkheden en bijdragen. Cha-ching, cha-ching, cha-ching.

Geld kom, geld kom, geld kom, geld kom.

Zeg het met me mee: "Geld kom, geld kom, geld kom" en voel wat dat voor jou betekent.

Stel jezelf de vraag: "Wat is mijn financiële realiteit?" Schrijf het op en plak het op je spiegel, zet het op je notitieblok of spreek het in op je voicerecorder.

Als je vastzit in een 'wie' of een 'wat' of weigert de oordelen te zien, vraag jezelf dan af: "Wat zal dat creëren?" Het is dezelfde vraag, maar vanuit twee verschillende perspectieven.

Je wilt de energie, ruimte en het bewustzijn van jouw financiële realiteit verwezenlijken, en je wilt de manifestatie van de 'wie', de 'wat', en de weigering om de oordelen te ontvangen opruimen, zodat je daadwerkelijk je financiële realiteit kunt ontvangen.

"Dus wat kan ik zijn of doen vandaag om mijn financiële realiteit meteen te ontvangen?"

Je moet kiezen om jezelf te zijn. Kies om toegewijd te zijn aan jezelf. Kies om samen te werken met het universum, dat samenspant om je te zegenen, en kies om te creëren.

Dus, de vragen zijn opnieuw:

Wat zal dit creëren? Wie ben ik aan het zijn?

Wat ben ik aan het zijn?

Welke leugens koop ik in?

Als het deel uitmaakt van je financiële realiteit, ontvang dan de oordelen en blijf kiezen voor jezelf, creëren voor jezelf, samenwerken met het universum dat samenspant om je te zegenen, en je toewijden aan wat je weet dat waar is.

Onthoud, je bent een oneindig wezen dat oneindige mogelijkheden kan creëren.

Beperk jezelf nooit. Verkramp jezelf nooit. Beperk jezelf nooit. Vernietig jezelf nooit.

En ga eropuit om te doen wat je liefhebt vanuit jouw authentieke financiële realiteit

15

─────

HET LICHTE, JUISTE EN RUIMTELIJKE

Ik wil dat je even de tijd neemt om op te merken hoe je je lichaam en geest ervaart – hoe je voelt en waarneemt, want na het einde van dit hoofdstuk kan dat anders aanvoelen, ruimer.

Laat me eerst een kort verhaal delen; het is een leuk dingetje dat ik in mijn workshops doe. Vaak, tijdens workshops over geld en financiële vrijheid, haal ik aan het begin van de les een stapel geld tevoorschijn... omdat, nou ja, het leuk was. En blijkt dat ik echt een obsessie heb met honderd-dollarbiljetten. We geven zoveel energie aan dit stukje papier, toch? En daarbij voelt het gewoon heel gaaf om een 14-karaats gouden geldclip te hebben om het bij elkaar te houden.

Ik vertel dit omdat het zoveel projecties, oordelen, angsten, verlangens en woede oproept. En dit is wat ik

105

doe voor mijn werk – praten over al die dingen door middel van iets zoals dit.

Dus ik zou deze stapel geld als eerste tevoorschijn halen, met opzet. Ik zou mensen laten kijken naar de realiteit van geld, wat het fysiek is. En ik wil dat jij, mijn lezers, hetzelfde doet.

Hoevelen van jullie, inclusief ikzelf, hebben zichzelf gebogen, gevouwen, verminkt, en vastgeniet om honderd dollar te verdienen, of zelfs om een dollar te verdienen?

Dit is de reden waarom we de leugens van geld moeten onthullen, vanwege de mate waarin we onszelf zouden uitrekken om het te bemachtigen. Tenminste, we verdienen het om de waarheid te kennen.

Het onthullen van diepgewortelde leugens kan enorm krachtig zijn. Toen ik begon te leren dat ik levensbedreigende ziekten kon genezen zonder medicijnen, ziekenhuisopnames, anesthesie, of iemands hulp behalve die van mij en mijn keuze, besloot ik dat, als coach, therapeut en doctor in de psychologie, mijn cliënten hiervan moesten weten.

Ik was nerveus over het inslaan van deze weg, maar het deed er niet toe omdat ik een ziekte had. Ik zat op de bank en kon er niet vanaf komen. Ik had pijn.

Ik verloor mijn bedrijf, mijn praktijk, mijn pensioen, mijn spaargeld, mijn huis – ik verloor alles in één opzicht.

Hebben jullie ooit dat punt bereikt met geld waar je niets hebt? Ik wens het niemand toe, maar dat is het ware verhaal.

Er was een tijd in mijn leven waarin ik niets had behalve nullen die me aankeken. Er was niemand om me tot te wenden, niemand die ik kon vragen, er was niets meer over en ik moest een beslissing nemen dat, ongeacht wat het zou kosten, ik zou veranderen wat het ook was dat me geen geld zou laten hebben, dat me geen geld kon laten hebben.

En wat ik ontdekte, was dat het niets te maken had met iets buiten mezelf.

Het had alles te maken met wat er in mezelf was en wat mijn overtuigingen waren.

Wat zijn deze leugens over geld die zeggen: "Er moet iets mis zijn met mij, dat ik niet kan krijgen wat iedereen anders kan hiermee?"

Nou, de waarheid is, er is niets mis met jou. Het is gewoon een keuze.

Wat was het aan mij dat geen geld kon hebben? Ik bedoel, ik verdiende veel geld. Ik heb veel diploma's, opleiding en training. Ik kon altijd werken. Ik begon op mijn achtste met een krantenwijk en werkte bij Dunkin' Donuts om donuts te maken toen ik veertien was.

Ik had altijd geld en werkte, maar had nooit gemak met geld.

Ik heb altijd elke cent verdiend die ik ooit heb uitgegeven. Als ik niet kon werken, verdiende ik geen geld. Dat heb ik heel vroeg geleerd van mijn vader, gelukkig, hoewel het later ook wat problemen veroorzaakte. Toen hij stierf, was ik in het buitenland in Australië. Ik wist niet eens dat hij ziek was of dat hij mij als executeur van het testament had aangesteld. Ik had geen back-up plan en dit was na de levensbedreigende ziekte. Mijn eerste moment met nul op de teller, staand bij een tankstation, niet wetend hoe ik benzine moest krijgen als een professioneel gediplomeerd en opgeleid persoon, was behoorlijk moeilijk te verwerken. Ik huilde letterlijk mijn ogen uit, terwijl ik probeerde uit te zoeken wat ik in vredesnaam moest doen. Dit was me nog nooit overkomen.

Wat ik beschrijf, kan voor sommigen van jullie misschien extreem lijken omdat jullie die ervaring niet hebben. Ik begrijp het. Maar ik vertel de beoefenaars met wie ik werk altijd dat je alleen iets kunt onderwijzen en faciliteren voor zover je zelf bent gekomen.

Geld is iets waar ik mee heb geworsteld – en ook iets waar ik zeer succesvol in ben geweest. En het is iets waar ik nog steeds in groei, omdat ik niet alle financiële problemen heb opgelost en toch streef ik naar vooruitgang, niet naar perfectie.

Ik ben nog niet honderd procent op de manier zoals ik dat zou willen, maar ik kan je dit vertellen: ik ga er komen, wat er ook gebeurt – ongeacht wat het kost, ongeacht wat ik moet verliezen, ongeacht wat ik moet sluiten, ongeacht wat ik moet uitschakelen, ongeacht waar ik naartoe moet verhuizen, ongeacht wat ik moet doen, ongeacht welk deel van de wereld me roept.

Ik ga kiezen wat licht en juist is en wat het beste voor mij werkt financieel, emotioneel, spiritueel en fysiek.

Zo komt geld naar me toe, met waarheid en licht.

Geld komt naar het feest van plezier. Geld komt naar wat licht en juist voor je is. Geld komt wanneer je trouw aan jezelf leeft. Geld komt wanneer je authentiek bent. Geld komt wanneer je gelukkig bent.

Ik heb er nooit van gehouden om naar mensen te luisteren die faciliteren wanneer ze zeggen dat ze alles op orde hebben. Ik vertrouw het niet echt wanneer ze alles op orde hebben en alles weten, of ze daar zijn geweest en dat hebben gedaan. Ik vertrouw het niet. Ik vertrouw een authentiek, oprecht verhaal.

We hebben allemaal dingen. We hebben allemaal bagage.

Er zijn al deze gebieden in je leven – fysiek, mentaal, emotioneel, spiritueel, psychologisch, psychosomatisch, psycho-energetisch, paranormaal, relationeel. Er zijn altijd vier of vijf gebieden die echt goed voor je werken, en dan één, twee of drie die dat niet doen.

Voor mij, en voor veel van de cliënten met wie ik heb gewerkt, zijn de gebieden waarmee ik de meeste moeite heb gehad geld, lichaam, gezondheid en relaties.

Ik ken mijn skeletten en ik weet wat er in mijn kast zit – de mishandelingen die ik heb doorstaan – en ik spreek elke dag voor 205.000 luisteraars per week in mijn show op Voice of America over het overstijgen van misbruik, financieel misbruik, seksueel misbruik, beperkingen, en beklemmingen naar wat ik 'radicale levendigheid' noem. Dat betekent kiezen voor jezelf, toewijden aan jezelf, samenwerken met het universum dat samenspant om je te zegenen, en dan creëren.

Vandaag de dag ligt er niets meer verborgen onder welk tapijt dan ook. Ik ben nergens bang voor. Ik kan alles onder ogen zien. Ik heb alles verloren. Ik heb alles verworven. Ik ben verhuisd. Ik heb mijn praktijk losgelaten. Ik heb een bedrijf losgelaten. Ik heb het opnieuw opgebouwd. Ik heb het weer gesloten. Ik heb het opnieuw opgebouwd.

Ik heb boeken geschreven. Ik heb boeken uitgebracht. Ik heb boeken niet uitgebracht.

Ik blijf gewoon kiezen wat licht en juist is voor mij, ongeacht welk trauma, ongeacht welke tragedie, en ongeacht welk verhaal ik heb.

Zou je bereid zijn om een beetje van je tragedie, trauma en verhaal los te laten die eigenlijk ervoor zorgen dat je niet alles hebt wat je verlangt met geld? En misschien heb je ook niet alles wat je verlangt met je lichaam, je relaties en je bedrijf. Misschien slechts een verschuiving van één graad?

We hebben nog steeds de rest van de wereld om mee te praten, en als je een praktijk wilt hebben en mensen naar je wilt laten komen, kun je ze niet vervreemden met een taal die ze niet begrijpen, toch?

Een verschuiving van één graad is mijn manier, dus ik dek iedereen – iedereen kan een keuze maken.

Wat je ook doet, ik ken niet jullie allemaal. Ik geloof dat jullie op een bepaalde manier genezers zijn – beoefenaars, opgeleide zoekers.

Ik heb sterk het gevoel dat ieder van jullie je eigen ROAR heeft – de fysieke manifestatie van je eigen tsunami, vulkaan, aardbeving – die in je leeft en dat door je authenticiteit te realiseren, je de wereld verandert.

Wat heeft dit allemaal met geld te maken? Het heeft hiermee te maken: waarheid, licht of zwaar.

Licht is een beetje bruisend en expansief, zoals uitstekende champagne. Je weet dat de bubbels goed zijn aan de bovenkant.

De dichtheid, de zwaarte, is als in een bal kruipen. Misschien voel je het in je buik. Het is beklemmend. Het is een beperking. Je kunt wat vermoeid raken of een grote geeuw krijgen.

Dus hier is mijn vraag aan jou, en dan bepaal je zelf hoe het je laat voelen, waarheid, licht of zwaar:

Leef je je financiële realiteit? Waarheid? Licht of zwaar?

Als dat zo is, heb je dan alles wat je wenst? Waarheid? Licht of zwaar? Geen goed of fout.

Ik zal nu de drie kernvragen herhalen die de essentie van dit boek vormen. Je kunt ze altijd gebruiken als het om geld gaat. Schrijf ze op:

1. *Wie ben je aan het zijn?*
2. *Wat ben je aan het zijn?*

3. *Welke leugen koop je in?*

Dus, "Wie ben je aan het zijn, wat ben je aan het zijn, en welke leugen koop je in?"

Heel simpel...

Nu lijkt dat misschien niet gerelateerd aan geld of contant geld of iets dergelijks, maar ik kan je vertellen dat je vanavond iets zult gaan zien – dat wat je dacht dat je financiële realiteit was, niet is, en de energie die je stopt in je financiële realiteit die niet klopt. En je zult de leugen onthullen die je als waarheid hebt aangenomen, maar dat niet is.

Je zult echt beginnen om de oogkleppen af te doen, de mantel, het kostuum dat je hebt gedragen, omtrent je bankrekening, in je bedrijf, in je seksuele relaties, in je relatie, in je ouderschap, in je relatie met je dieren, in je relatie met je auto's, in relatie met de Aarde.

En wanneer je begint de mantel af te werpen, begin je jezelf te onthullen.

Dat is wanneer je ROAR doet, die fysieke manifestatie van het gerommel, de aardbeving, de tsunami, de vulkaan – uniek en uitsluitend jij – begint naar voren te komen.

Dat is wanneer de voorzienigheid ook in beweging komt, en dingen jouw kant op beginnen te komen.

Het zijn niet de parkeerengelen die je de parkeerplaatsen geven, mijn vrienden.

Het is jij die opstaat om meer jezelf te zijn.

Bijvoorbeeld, eens na een opzegtermijn van 90 dagen, ontsloeg ik al mijn personeel. Elke persoon. Het was het grootste risico dat ik ooit heb genomen om voor mezelf te kiezen in termen van mijn bedrijf – omdat ik iets was dat, in het bedrijf, niet werkte. Proberen mensen voor me te laten werken, werkte niet.

Er was een energie die ik uitstraalde – het was als het doorfluisterspelletje. Ik zei: "Doe taak A," en het werd iets in het Mandarijn, Russisch en Spaans, en wanneer het bij me terugkwam, zeiden ze: "Hier, ik heb het gedaan," en ik zei: "Maar dat is niet precies wat ik vroeg."

Het is een soort extreem voorbeeld, maar het is de beste manier waarop ik het kan uitleggen.

En toen was er die andere energie rond de leugen over de manier waarop ik geld moest verdienen, namelijk door mezelf uit te putten. Merk op wat ik vanaf het begin over mijn vader zei: heel hard werken en geen enkel gemak hebben.

Het doen in 90 dagen was niet iets als een opwelling en vervolgens zuiveren. Het was zeer pragmatisch in de timing. Ik zou zeggen: "We komen dicht bij de 30 dagen; dit is wat we moeten bereiken. Dit is het doel. Laten we dit doen, ba da da da da." Het was de hele tijd heel duidelijk, maar ik moet je vertellen, ik was doodsbang.

Absoluut, totaal kwetsbaar.

Een voormalige mentor vroeg me: "Wat kost het je om hen te houden? Hoeveel kost het je om je personeel te behouden?"

"Mijn gezondheid, mijn grijze haar. Ik krijg er steeds meer."

Toen zei ik: "Ik wil echt met dit andere marketingbedrijf in zee gaan waarvan ik denk dat ze me kunnen brengen waar ik echt naartoe wil en wat ik echt wil doen met de boeken, het certificeringsprogramma, en al dat om trauma van deze planeet te verwijderen."

Ik deel dit met jullie omdat ik dit daadwerkelijk leef. Ik weiger nog langer te leven volgens de leugen van geld, en ik weiger nog langer een slaaf van geld te zijn. Ik heb geweigerd om nog langer een slaaf van misbruik te zijn, net zoals ik weiger een slaaf te zijn van iets anders dan wat licht en juist is en deel uitmaakt van mijn ROAR (*Radically Orgasmically Alive Reality*).

Dus, zouden jullie allemaal met mij mee willen doen? En alles loslaten wat je ervan weerhoudt om meer te leven, meer te weten, meer te zijn, meer te ontvangen, en te ontdekken wie je werkelijk bent, voorbij deze realiteit en dit in deze realiteit brengen.

Laat me je laten zien hoe dit allemaal werkt door een interactie uit een van mijn workshops te delen. We bespraken de Leugens van Geld, en ik kon de energie in de ruimte voelen verschuiven. "Merk op... wordt het hier zwaarder en dichter of lichter en vrijer?" vroeg ik. De deelnemers reageerden unaniem, "Lichter."

Bemoedigd vroeg ik: "Heb je iets dat je zou willen vragen?"

Een deelnemer aarzelde voordat ze van wal stak. "Goh, zoveel dingen. Laten we beginnen met mijn baan. Ik verdien een uurloon, en ik wil een 'grote-meisjes' sala-risbaan en uiteindelijk mijn eigen bedrijf. Ik voel me gewoon echt, echt gefrustreerd dat ik hier ben, terwijl ik weet dat ik daar kan zijn."

"Dus wie ben je aan het zijn als je hier bent?" vroeg ik, nieuwsgierig naar de energie die ze belichaamde.

"Mijn moeder," gaf ze toe met een gevoel van frustratie.

"En wat vind je leuk aan het zijn van je moeder op je werk? Wat vind je leuk aan het elke dag meeslepen van haar naar je werk? Je pauzes nemen op je werk met je moeder," probeerde ik, om haar te laten verkennen wat er achter die dynamiek schuilging.

"Het is waardeloos," antwoordde ze, duidelijk ontevreden.

Toen breidde ik de vraag uit, betrokken anderen erbij. "En hoeveel van jullie doen hetzelfde met je moeders? Dus wie ben je aan het zijn, je moeder? Wat vind je leuk aan het zijn van je moeder?"

"Het is veilig," bood een andere deelnemer aan.

"Oké. Dus vertel me wat eigenlijk veilig is aan het dragen van je moeder, eten voor haar, denken met haar, je keuzes maken over je bedrijf met haar, terwijl je daar wilt zijn, maar je blijft hier. Waarheid. Wat is de leugen waar je naar leeft?"

"Ik ben niet goed genoeg totdat ik dat heb," bekende de deelnemer, een diepgewortelde overtuiging bloot-leggend.

"Je bent niet goed genoeg om te hebben wat zij wil. Je bent niet goed genoeg om te hebben wat jij wilt. Waar-heid. Wil iemand anders een procent opgeven van 'Ik ben niet goed genoeg om te hebben wat ik wil?'" spoorde ik aan, en nodigde anderen uit om te reflecteren.

"Dus wat vind je leuk aan niet goed genoeg zijn om te hebben wat je wilt?" ging ik verder.

"Ik hoef mezelf niet bloot te stellen," gaf ze toe.

"En als je je mag verbergen en je stelt jezelf niet bloot, wat is daar dan het beste aan terwijl jij en je moeder achter je bureau en je salaris, uurloon blijven? En je komt nooit waar je wilt zijn?"

"Je kunt je verbergen," erkende ze.

"Ik weet het," empathiseerde ik. Ik voelde het emotionele gewicht dat ze met zich meedroeg.

"Alles wat ik doe, is verbinden met haar energie, en de woorden komen daaruit voort. Ik kan de beklemming in haar borst voelen, en ze is een beetje aan het inzakken. Maar dit is wat we doen," voegde ik toe, de herkenbare patronen erkennend. "Ze neemt een beslissing om niet te hebben wat ze wil door ervoor te kiezen verbonden te blijven met wat haar moeder is. Denk je dat dit je geldstromen gaat beïnvloeden?"

"Ja," antwoordde ze, waarbij ze de impact erkende.

"Energetisch? Vond je moeder geld leuk?"

"Nee."

"Vond je moeder haar werk leuk?"

"Nee."

"Bleef ze op haar werk terwijl ze niet op haar werk wilde zijn?"

"Ze kan nu met pensioen gaan, maar dat doet ze niet," deelde de deelnemer.

"Dus bleef ze op haar werk terwijl ze niet op haar werk wilde blijven?"

"Ja."

"Precies. Blijf jij op je werk terwijl je niet op je werk wilt blijven?"

"Ja," gaf ze toe, waarbij ze de parallel herkende.

"Nu, alsjeblieft, tenzij het licht en juist voor je is, verlaat deze plek niet en zeg niet je baan op als je niet iets anders in het vooruitzicht hebt, want ik denk dat er ook een manier is om pragmatisch te zijn." waarschuwde ik, begrijpend de complexiteit van beslissingen in de echte wereld.

Ik zei tegen haar: "Je baan geeft je geld, maar je bedrijf en je ROAR is waar je echt wilt zijn – en dat zal je alles geven, inclusief geld. De meesten van ons kiezen ervoor om te blijven vanwege het geld, en we verwaarlozen onszelf door te kiezen wat jij kiest."

Deze geweldige persoon koos een financiële realiteit die niet de hare was. Sommigen van jullie willen je moeders niet verlaten. Er was een film genaamd 'Throw Mama from the Train'. Misschien wil je die eens kijken.

Ik gaf 15 jaar lang een workshop in Californië genaamd LEAP, wat stond voor het *Life Empowerment Action Program.* Op een dag pakten we een groot wit vel papier, en een van mijn assistenten tekende geld erop. Ik liet iedereen een zwarte pen pakken, en ik zei: "Schrijf al je projecties over geld op – al je haatgevoelens, al je oordelen."

Ik dacht dat er misschien drie zouden zijn.

Oh mijn god, ik kon het geld niet eens meer zien.

Er stonden de meest afschuwelijke zinnen die ik ooit had gezien geschreven – en ik groeide op in een zeer luidruchtige, bijtende omgeving.

Bijvoorbeeld: "*Je moet je ziel aan de duivel verkopen om vooruit te komen.*"

Nou, dat is zeker een manier om je weg te laten gaan van geld. Maar we kiezen dit de hele tijd heimelijk.

Er stonden dingen op die ik hier niet kan herhalen, omdat ze zo vreselijk zouden klinken. Maar je kent ze al – de oordelen, projecties, scheidingen, verwachtingen, wrok, afwijzingen en spijt over geld waren buitengewoon.

En ik dacht op dat moment bij mezelf dat het geen wonder was dat ze niet genoeg hadden, dat ze hard moesten werken en dat, hoe hard ze ook probeerden, ze nooit uit de schulden kwamen, dat ze altijd in de schulden zaten.

Het was geen wonder dat ze geld konden verdienen, maar het nooit konden hebben of sparen of uitgeven, dat ze nooit op vakantie konden gaan, en dat ze drie banen moesten hebben of met iemand anders moesten trouwen om hen geld te geven, omdat ze niet op zich-zelf konden leven, of dat ze geld moesten lenen en steeds weer geld moesten lenen van hun familie of creditcards of instellingen en keer op keer failliet moesten gaan.

Je moet mama en papa en alle cultuur en het Vaticaan en welke andere kerk je ook gelooft, uit je lichaam krijgen zodat je jezelf kunt horen.

Dat is de vraag: "Wie ben ik aan het zijn?" Nu, 'wat' ben je aan het zijn?

Wanneer je je moeder bent en geld is de wortel van de duivel in eigen persoon, 'wat' ben je aan het zijn? Je bent een vastgehouden, bange, verlamde, ingeperkte kindertijd aan het zijn, vastgehouden door de leugens die je als waarheid hebt aangenomen.

Richt je dus op de ruimte waar het licht of zwaar aanvoelt, want wanneer ruimte dichtheid ontmoet, verdwijnt de dichtheid. Wanneer je lichaam een beetje meer ruimte voelt, ook al is er dichtheid, richt je op de ruimte.

De meesten van ons richten zich op de dichtheid, en de dichtheid is de leugen.

Je kunt een leugen niet veranderen. Je kunt alleen de ruimte en de waarheid veranderen.

De ruimte, de waarheid, is de lichtheid in jou, dus richt je op de moleculen van ruimte in jou en vraag ze te blijven draaien en draaien en draaien totdat meer van jou, binnenin jou stapt.

Zie gewoon hoe je één graad doet. Dat is een verschuiving van één graad daar om ruimte te krijgen zoals dat. Dat is een succes.

16

VERANDER ER VOOR

Samenwerken met het universum dat samenspant om je te zegenen, betekent eigenlijk weten dat het universum je steunt, maar je kunt niet weten dat het universum je steunt totdat jij jezelf steunt.

Hoeveel mensen hebben je geprobeerd te vertellen dat ze je steunen en jij reageert met, "Geen sprake van. Ga weg."

Dat komt omdat je niet weet wat het is om jezelf te steunen. Geen van ons weet dat echt totdat we voor onszelf beginnen te kiezen, ons aan onszelf beginnen te wijden.

De enige manier waarop ik wist hoe ik in de wereld kon bestaan, was als iemand me misbruikte, letterlijk en figuurlijk. Het kostte veel werk om dat ongedaan te maken en opnieuw te bedraden, en om te begrijpen dat er eigenlijk goede mensen in de wereld zijn die niet uit zijn om me te misbruiken.

Het moeilijkste was inzien dat er mensen in de wereld zijn die niets om mij geven en die graag over me heen zouden willen lopen.

Je moet je bewust zijn van alles.

Ik weet niet waarom, maar er zijn gewoon mensen die me niet mogen. Weet je niet dat er mensen zijn die jou niet mogen? En zijn er niet mensen die je niet mag bij de eerste ontmoeting en je hebt geen idee waarom?

Het is zoals mijn kleine neefje zei toen mijn moeder hem op de olifant in het circus probeerde te krijgen toen hij vier jaar oud was: "Niet voor mij, mama. Niet voor mij."

Ik moest leren hoe ik mezelf kon steunen en dat veranderen. Een voormalige mentor zei altijd tegen me: "Met alles wat je hebt doorgemaakt, en de mishandelingen die je hebt doorstaan – gekozen en doorstaan – hoe komt het dat je zo vriendelijk bent en daadwerkelijk om mensen geeft, en je je inzet voor hun verandering en groei en transformatie evenals die van jezelf?"

Ik dacht: "Ik heb geen idee. Is niet iedereen zo?"

Toen begon ik te kijken naar het feit dat er een verschil

in mij is. Nu, ik zeg niet dat er geen verschil is in ieder van jullie. En dit is waar Soul Printing over gaat.

Een zielafdruk is onze eigen unieke vingerafdruk, het unieke karakter en de contour van onze ziel, onze ROAR. Als we een baan, doel, of wat je het ook wilt noemen moesten hebben, is die intentie om die ROAR, je zielafdruk, los te laten op de lippen van deze realiteit.

Mijn ROAR is wat ik doe met mijn lessen, praktijk, schrijven, de radioshow, en het verwijderen van trauma van de planeet, verder gaan dan de kooi van misbruik, beperking en beklemming naar radicale levendigheid. Dat is waar ik voor sta. Ik praat er elke dag over. Ik schrijf er elke dag over. Ik weet niet hoe het kan dat ik meer dan 100 shows over dit onderwerp heb gehad op Voice of America omdat ik zou denken dat ik nu verveeld zou zijn, maar de shows blijven gecreëerd worden.

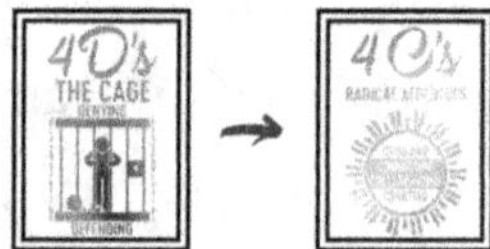

Zoveel mensen bellen op tijdens de radioshow om geholpen te worden. Onlangs had ik een vrouw aan de lijn uit Saudi-Arabië, en ze moest onder een bureau praten via Skype, omdat ze vermoord zou worden als men ontdekte dat ze vragen hierover stelde. Ik houd die show in de lucht voor een andere persoon zoals zij, die misschien nooit de kans krijgt om uit te spreken wat waar is voor haar, behalve dat ene moment van ruimte in Saudi-Arabië. Dat is mijn zielafdruk.

Ik weet niet wat jullie allemaal gaan doen, maar er gaat iets veranderen. De mensen en dingen waarin je geïnvesteerd en betrokken bent – je kinderen, je familie, je geldstromen – gaan veranderen omdat je er anders naar gaat kijken.

Wanneer je ziet dat je rekening daalt en je dat vertrouwde gevoel in je lichaam krijgt, zeg je misschien: "Wie ben ik nu aan het zijn?"

Wat het ook is dat de energie verandert, je wakker maakt, en zegt: "Oké, als ik dit nu aan het zijn ben, hoe voelt dat?"

"Nou, dat voelt behoorlijk verschrikkelijk, angstig. Wat kan ik kiezen dat lichter en juister is voor mij?"

Pak de telefoon op en bel iemand, regel een sessie, of wat dan ook. Verkoop een appartement of een huis. Wat dan ook – daar ga je, je hebt geld.

"Wat ben ik aan het zijn wanneer dat vertrouwde gevoel komt en de bankrekening daalt?"

"Wat ben ik nu aan het zijn?"

Meestal is het pathetisch. Meestal ben je bang, overweldigd, afgesloten, dicht.

"Oké, hoe dient dat wat ik aan het creëren ben? Is dat mijn creaties aan het vernietigen of mijn creaties aan het creëren?"

Als het je creaties niet creëert, maak dan een andere keuze en doe wat nodig is: ga uit huis, maak een wandeling, klim op de aarde, klim op een paard, klim iets anders op.

Wat je ook moet doen. Het gaat om doen, niet om denken. Het gaat om doen vanuit een ruimte van waarnemen en ontvangen. Vraag dan de beste vraag die je kunt stellen: "Oké, dat gebeurt. Welke leugen koop ik nu in die ik als waar heb aangenomen?"

En wanneer je het antwoord krijgt, als het zwaar voelt, geloof het dan niet. Het is een leugen, want je kunt een leugen niet veranderen. Je kunt de zwaarte niet veranderen. Je kunt alleen veranderen door te doen wat licht en juist voor jou is.

Elke keer, volg wat licht is voor jou. Licht brengt licht voort.

Ik ben met je. Ik garandeer dat je inzicht en veel briljantie te bieden hebt aan mensen. En ik zeg, vraag ervoor.

Vraag ervoor.

En ik garandeer dat je iets kunt creëren met je handen dat niemand anders kan. En ik zeg, gebruik dat geld uit jouw briljantie om meer briljantie te creëren, zodat je meer van jouw briljantie kunt verkopen, zodat meer van jouw briljantie in de wereld verschijnt. Elke keer dat het stroomt, creëert het meer. Omdat je opstaat om je ROAR te zijn, en jij jezelf zijn, doet dat.

Wanneer iemand naar mij komt en de deur op een kier zet, kan ik helemaal losgaan. Ik kan het beste uit hen halen. Ik ben een middelste kind. Ik weet hoe ik door dingen heen moet komen. Ik heb veel overleefd. Ik kan veel aan, dus presenteer iets aan mij, geen probleem. Maar ik moest leren om mijn energie terug te trekken, mijn ruimte uit te breiden, mijn twee oren te gebruiken, en wanneer iemand voor individueel werk komt, zeg ik, "Oké, als je hier weggaat, wat wil je hier dan achterlaten, alleen voor vandaag?" Ze zeggen meestal, "Ik weet het niet."

"Nou, je betaalt me. Wat wil je doen?"

En ik laat hen naar voren komen en zeggen wat ze willen doen, zodat we naar die ruimte kunnen gaan die hen in staat stelt om steeds meer te blijven kiezen, wat de lichtheid van hen is.

Het belangrijkste voor jou is om te doen wat je liefhebt, te doen wat makkelijk voor je is, ervoor betaald te worden en dan door te blijven creëren – want dat is radicale levendigheid.

Wanneer we anders leven, zijn we dood.

En ik weet niet hoe het met jou zit, maar dood is geen pretje.

Merk op hoe weinig we het over geld hebben in dit hoofdstuk, want dat is het hele punt. Het geldprobleem dat we hebben, heeft echt niets met geld te maken. Het heeft te maken met de leugens die we als waar hebben aangenomen.

Wanneer je specifiek over geld praat en je voelt je beklemd over geld of je probeert iets te creëren, wie ben je aan het zijn?

"Wat ben ik aan het zijn wanneer ik mijn moeder en mijn vader kies?"

"Welke leugen koop ik in die ik als waar beschouw die ervoor zorgt dat ik tegen mezelf kies? Nu dat ik weet dat het mijn moeder en vader zijn en niet ikzelf."

Dit zijn de gemakkelijkste dingen die ik je kan vertellen om jezelf doorheen te begeleiden. Dat zal de ruimte openen om een andere mogelijkheid te kiezen.

De vraag is: ben je bereid om dat voor jezelf te doen? Eén graad meer?

Dit gedoe met geld is ingewikkeld.

Er is een epidemie van misbruik in deze realiteit; het is de norm van deze realiteit – het ongemak van onszelf zijn.

De leugens van geld gaan echt over de confrontatie met, "Wie ben ik aan het zijn, wat ben ik aan het zijn, welke leugen koop ik in die ik als waar heb aangenomen?" Het is geen werk voor de zwakken. Het is werk voor de brutale ROAR in je die zegt, "Niet meer. Het is niet de moeite waard om daarachter te blijven verbergen."

Dat zei ik toen ik me omdraaide en keek naar alle decennia van misbruik en alle rotzooi die ik moest onder ogen zien.

Niet meer.

Ik was niet van plan daar een slaaf van te zijn.

En als ik één persoon kan helpen door waar ik over praat, dan ga ik erover praten. En ik ga naar buiten, want veel andere mensen zoals ik zullen ook naar buiten gaan. Tenslotte, ik praat erover. Ze kunnen zien dat ze niet zullen sterven als ze uitspreken wat waar is.

Maar we verbergen ons achter onze rotsblokken, onze overtuigingen, onze standpunten, onze moeder en vader, onze banen, onze armoede, ons vastzitten, onze mislukkingen, dit en dat.

En we houden onszelf zielig.

Als je dit leest, is er niets zieligs aan jou.

Jullie zijn de mensen die eisen om geld te hebben, omdat geld in jullie handen deze wereld zal veranderen.

Geld in jullie handen zal de wereld op haar as kantelen, alleen niet de breuklijnen. En als het dat doet, is het oké omdat jullie aan het ROARen zullen zijn.

Wees jezelf, voorbij alles, en creëer magie!

17

GEEF DE LEUGENS OP

Geld is zo'n zwaar onderwerp voor mensen. Het brengt zoveel rommel en rotzooi naar boven, negativiteit en destructie, blokkades en zwaarte en angst – eigenlijk alles onder de zon. Maar daarom verdient het ook besproken te worden, net zozeer als gezondheid, seks of relaties. Geld heeft een diepgaande impact op ons leven en we hebben er onze unieke problemen mee.

Voor mij was mijn unieke probleem dat ik altijd geld kon verdienen, maar mezelf nooit toestond om het te hebben of te houden. En toen begon ik op te merken dat er een patroon was bij mijn cliënten met hetzelfde 'presenterende probleem', waar ze geld konden creëren, maar het nooit behielden of hadden.

Ik begon te kijken en getuige te zijn van deze mensen met wie ik werkte, echt geweldige mensen, die bezweken onder dit goeroe-, god-gedoe dat ze geld noemden.

Toen, een tijd geleden, veranderde er iets volledig voor mij, financieel en energetisch, waar veel van de dingen die ik hier heb besproken gewoon verdwenen. Ik weet niet eens wat er gebeurde.

Het was niet als een scheiding van de zeeën, Mozes en het hele gedoe. Het leek gewoon te veranderen.

Nu betekent dat niet dat het perfect is of dat ik niet beter kan doen, want voor mij ben ik altijd aan het groeien, toch? Ik ben altijd bezig met beter worden.

Als je jezelf geneest van een levensbedreigende ziekte zonder allopathische medicijnen, win je daar iets mee. Ik heb daar iets van geleerd en heb alles financieel op het spel gezet om dat te doen. Het was de beste financiële beslissing die ik ooit heb genomen, en wat ik daarvan heb geleerd, is dat je altijd meer geld zult verdienen.

En dat deed ik.

Door jezelf consistent af te stemmen op wat licht en juist aanvoelt, en door de volgende stap te nemen die zich aandient, volg je op natuurlijke wijze een pad geleid door positieve energie. Deze afstemming vormt niet alleen je acties, maar weerspiegelt ook wat er in je leeft.

Als gevolg daarvan volgt geld meestal, omdat je innerlijke afstemming en positieve energie een omgeving creëren die bevorderlijk is voor het aantrekken van financiële overvloed.

Toen mijn financiële realiteit veranderde, zag ik echter dat zoveel mensen met wie ik werkte, en collega's, niet uit die oude realiteit kwamen.

Hier is de vertaling:

Als je niets begrijpt van wat ik zeg, is dat oké. Ik waardeer het wanneer mensen het niet begrijpen, want als je het wel begrijpt, ben je misschien gewoon iemands anders standpunt aan het nabootsen.

En ik wil niet dat je onder iemands anders standpunt staat, want er zijn zoveel decennia geweest waarin we ons allemaal hebben belichaamd en omarmd onder iemands anders standpunt – en dat vervolgens onze realiteit hebben genoemd.

Nogmaals, dit hoofdstuk zal minder over geld en daadwerkelijk contant geld praten, maar zich in plaats daarvan richten op alles wat je eigenlijk nodig hebt om je 'geldstroom' – of het gebrek daaraan – te creëren in

je bankrekening, portefeuille, investeringen, chequeboek en in je portemonnee op dit moment.

Alles waar we over zullen praten, is wat zich manifesteert als je financiële realiteit.

Kijk, mijn vader vertelde me altijd over relaties. Hij zei:
"Ze zeggen dat tegenpolen elkaar aantrekken. Dat is
wat ik kreeg. En je ziet hoe dat voor ons werkte?" Hij
had het over zijn huwelijk. En tegen deze tijd weten
jullie allemaal hoe dat een ander probleem was, en ik
ging naar veel therapie daarvoor.

Daarom heb ik een diploma in de psychologie
behaald, zodat ik van andere mensen kan voorkomen
dat ze dat doen. Je wordt op een bepaalde manier
geleerd wat je in het leven moet doen.

Hij zei iets in de trant van: "Zoek echt iemand met wie
je kunt samenwerken, iemand met wie je kunt werken,
samen naar iets kunt streven, en samen iets kunt creëren. Maar leg niet al je eieren in iemand anders om je
leven te maken."

Ik nam die dingen die hij me in die momenten vertelde
als de beste zakelijke en financiële opleiding die ik kon
hebben.

Ik herinner me mijn vroege dagen in New York, toen ik
iedereen naar het treinstation zag lopen omdat van me

werd verwacht dat ik in de stad in New York zou gaan werken. Van me werd verwacht dat ik dagelijks de trein zou nemen en ergens in de zakenwereld zou werken. Van me werd verwacht dat ik dagelijks een pak zou dragen, sneakers of sportschoenen aan zou trekken, en mijn hakken in mijn aktetas zou doen, en naar de metro zou lopen en naar de stad zou gaan.

Dat was wat ik hoorde te doen.

Ik herinner me dat ik naar de maan keek vanuit mijn slaapkamerraam en zei: "God, wat je ook doet, laat me alsjeblieft geen zielloos leven leiden."

Ja, een beetje een oordeel.

Omdat wat ik zag – iedereen die naar het treinstation liep, mannen en vrouwen – niemand was gelukkig. Niemand had een glimlach op hun gezicht. Iedereen keek somber.

Ondertussen leerde mijn vader me, in momenten in de kelder, echt gelukkig te zijn en te doen wat ik leuk vond. Dus ik verliet New York zo snel als ik kon en ging naar het westen. Toen ik in Californië aankwam, zei iedereen zoiets als, "Ja, het is een vrijdag en een maandag. Laten we fietsen. En het is een dinsdag en een woensdag of donderdag... laten we fietsen. Laten we een wandeling maken."

Ik dacht: "Lopen mensen niet naar de trein, gaan ze niet naar de stad en werken ze niet de hele dag?" Nee, ze werkten in spijkerbroeken en korte broeken en verdienden veel geld en hadden een glimlach op hun gezicht, dit waren mijn mensen dacht ik.

Ik dacht: "Gaan mensen niet te voet naar de trein, naar de stad, en werken ze de hele dag?" Nee, ze werkten in spijkerbroeken en korte broeken, verdienden genoeg geld en hadden glimlachen op hun gezichten. Dit waren mijn mensen, dacht ik.

Die momenten met mijn vader waren echt belangrijk, en daar kreeg ik mijn liefde voor geld. Die liefde uit die momenten met mijn vader over geld veranderde alles voor mij.

Er was wat strijd gedurende enkele van die jaren, maar nu, terwijl ik me deze verhalen herinner en de energie van mijn liefde voor geld, creëert het eigenlijk meer geld, meer zaken, meer plezier, meer vreugde, meer verbinding met de aarde, betere seks, en een gelukkigere relatie met mezelf – een gezonde relatie met mezelf en mijn lichaam.

Dus er was iets aan die vroege momenten, aan het weten hoe geld aanvoelt, ruikt, smaakt, en de liefdesaffaire die ik ermee had, die echt de schakelaar is geweest die de geldkraan voor mij heeft aangezet. Anders had ik dat nooit geweten.

139

18

DE VRIJHEID VAN RUIMTE

Waarom vraag ik je om je leugens over geld op te geven?

Omdat alles wat je van iemand anders gelooft dat niet van jou is, je als waar aanneemt voor jezelf, en dan kun je het nooit veranderen of overstijgen, omdat het niet van jou is. Je kunt iets dat niet van jou is niet veranderen.

Heeft iemand iets in je leven dat niet verandert? Vanaf vandaag hoop ik dat je vraagt, "Is het van mij?"

Nogmaals, Is het van mij? Is het mijn overtuiging? Mijn realiteit?

Want als het niet licht en sprankelend en bruisend en expansief aanvoelt wanneer je de vraag stelt, "Is het van mij?" en in plaats daarvan voelt het dicht en beklemmend in je buik en zwaar, dan is het een leugen die je aanneemt.

Als het licht, expansief, vrij, vreugdevol aanvoelt – dan is het waar.

Voor zover ik kan, wil ik dat jullie allemaal een beetje meer een open blad zijn dan toen je begon met het lezen van dit boek. Omdat we allemaal binnenkomen met onze standpunten, onze realiteit, onze verlangens, onze problemen, onze kwesties waarvoor we onze tissues nodig hebben – alle dingen waar we ons niet in staat toe voelden om voorbij te gaan.

En wat ik heb ontdekt met mijn cliënten en voor mezelf is dat ze niet eens van ons zijn.

We hebben ze overgenomen.

Geen van die dingen hebben iets met jou te maken.

Ik ben niet zomaar een praatje aan het maken met je en deze dingen aan het zeggen zonder reden. Ik deel ze zodat we kunnen komen tot wat die ene procent voor jou is – en ik hoop dat dat zal bijdragen aan dat je hier weggaat en een telefoontje krijgt over wie je geld verschuldigd is, dat ze een storting op je rekening gaan doen.

Of, als je op zoek bent naar een nieuwe functie, dat die

op de een of andere manier in de post komt, of via e-mail of telefoon.

Of dat je misschien morgen de krant openslaat, of op internet kijkt, en dat iets wat je hebt verlangd, zonder zelfs te weten dat je het verlangde, recht op je scherm verschijnt... zoiets.

Terugkomend op mij en mijn proces, ik kwam uiteindelijk in Texas. Het enige wat ik over Texas wist, waren mijn eigen oordelen. Ik wist niet eens dat ik een oordeel had over Texas.

Toen ik uiteindelijk in Texas aankwam, dacht ik: "Hé, ik vind het hier eigenlijk wel leuk."

Ik begrijp het nog steeds niet en ik hoef het niet te begrijpen. Er is een ruimtelijkheid daar, een gemak, en ik hou van gemak.

Het komt nooit tevoorschijn zoals je denkt, zoals die uitnodiging naar die mogelijkheid en het leven dat ik heb gecreëerd.

Ik verkocht alles, liet alles los, liet alles los dat niet met me mee wilde toen ik Californië verliet. Ik verkocht niet eens alles. Ik verkocht een deel ervan en gaf het meeste weg. Het deed er niet eens toe voor me.

Ik wist gewoon dat het tijd was om te vertrekken, en toen de uitnodiging kwam, ging ik.

Wat zich heeft samengezworen om me te zegenen door het universum vanwege die keuze om te volgen wat licht en juist is, maakte me gelukkig. En het was niet werk of geld waarvoor ik de beslissing nam.

Het was de Aarde. Het waren paarden. Het was mijn lichaam. Het was een keuze voor een relatie mogelijkheid, en het werkte, in het begin. Ik had het nooit kunnen bedenken.

"Wow, dus dit is wat er gebeurt als het licht en juist is, en je het volgt," moet je wel denken.

Ja, en de voorzienigheid beweegt ook. Het universum spant samen om je te zegenen. Het ergste deel van de verhuizing was dat ik een beetje depressief werd. Omdat, nadat ik was verhuisd en alles zo goed ging, ik moest kijken naar elke keuze die ik eerder had gemaakt die niet licht en juist voor mij was.

En dat is deel van wat ik hier doe in de Leugens van Geld. Ik praat over dingen die ik echt heb meegemaakt. Ik haal het niet zomaar uit een boek, of een premisse, of omdat het gewoon catchy is om een boek over geld te schrijven. "Hé, kom naar mij toe. Ik heb je antwoorden over de Leugens van Geld."

Het Leugens van Geld-boek en de workshops zijn wat ik heb geleerd en gezien door precies te volgen wat ik hier zeg; het gebruiken met mijn cliënten, en het zien van mijn hele leven dat zich uitbreidt. Het zien van mijn lichaam, mijn gezondheid, mijn geluk, mijn geld-stromen, mijn lessen en mijn contant geld dat verandert.

Ik heb ideeën die groeien, boeken die ik heb geschreven en waaraan ik heb deelgenomen, en andere dingen die worden gedaan waarvan ik nooit had gedacht dat ik ze zou afmaken. Dingen waarvan ik dacht dat ze 20-30 jaar in de toekomst zouden liggen, gebeuren nu – gewoon omdat ik "Ja" zei tegen deze ene mogelijkheid.

Hoeveel mogelijkheden heb je "Nee" tegen gezegd die eigenlijk je "Ja" waren en die alles zouden hebben veranderd wat je nu fout noemt in je leven.

Dus hier is de grootste leugen over geld – en ik ga je echt teleurstellen en het spijt me.

De grootste leugen over geld gaat over je overtuigingen en aannames over geld, en wat je verteld werd over geld

Het grootste deel van mijn verhaal, zoals ik hier heb verteld, gaat over mij en mijn "proces" in relatie tot wat deze realiteit, of moeder of vader of wie dan ook, mij heeft verteld over geld.

Maar het gaat nooit over geld.

Dit stukje papier betekent eigenlijk niets. Dit ding hier – wat je zegt – is de verwoester, vernietiger en het probleem in je leven.

We zeggen ofwel dat dit ons geluk geeft. Of we zeggen dat dit de wortel van alle kwaad is.

We zeggen dat we er hard voor moeten werken.

We zeggen dat we alleen waardevol zijn als we het hebben, dat we alleen iets waard zijn voor iemand door wat we rijden, wat we dragen, waarmee we ons versieren en welke vakanties we kunnen nemen. Ik zeg niet dat al die dingen niet geweldig zijn, want ik hou er ook van. Maar hoeveel van jullie zijn afhankelijk geworden van geld als de oorzaak of het allesbepalende einde van je vreugde of je geluk of je eigenwaarde?

Dus zou je bereid zijn om nog maar één procent meer van je leugen op te geven, dat geld iets over jou betekent, dat geld je god of je goeroe is, of dat geld iets te maken heeft met je eigenwaarde

Zou je bereid zijn om dat één procent meer op te geven?

En overal waar je de wortel voorgehouden hebt en zei: "Als ik maar dit bedrag aan geld heb, dan wordt het beter. Als ik dit gewoon doe, dan zal ik gelukkig zijn.

Als ik vijftigduizend dollar krijg, dan zal ik gelukkig zijn. Als ik de huur van volgende maand betaald krijg, dan zal ik blij zijn."

"Als ik dit bedrag op mijn bankrekening heb, zal ik die persoon een fooi geven."

"Ik ga geen twintig procent geven, omdat ze op mijn teen zijn gaan staan," maar het is echt omdat je dat extra twintig procent niet in je mindset hebt.

Ik zal je een van mijn trucjes vertellen.

Elke keer als ik die beklemming of kooi rond geld voel, geef ik meer.

Soms is het echt moeilijk om meer te geven, en soms geef ik niet eens met geld. Soms is het met eten of kleding. Ik ga door een heleboel dingen – toen ik nog veel dingen had – en ik vroeg het object aan mij te vertellen aan wie het graag zou willen gaan? En geef het cadeau of doneer het?

Mijn vrienden hielden van me. "Ik wil deze stoel niet. Ik wil deze bank niet. Hier, alsjeblieft. Neem het."

Ik zit liever zonder iets dan met iets dat niet langer voor mij werkt. Het duurde even om daar te komen, maar ik nam een beslissing. Ik eiste dat alles om me heen – waar ik op zit, wat ik aanraak, of wat ik op mijn lichaam draag – een bepaald gevoel moet geven. Het moet me een goed gevoel geven of me mooi laten voelen. Het is zacht, niet strak.

Ja, ik vraag mijn lichaam elke dag wat het wil dragen. Welke kleur, welke energie?

Dit zijn de dingen waar leugens ons van weerhouden om te herinneren – het comfort, het gemak, het geluk.

Dus, hier ben ik om je eraan te herinneren. Je kunt gemak creëren, je hoeft geen ongemak te omarmen.

19

WAAROM MAKEN WE HET OVER GELD?

Dus, waarom maken we het over geld?

Deze realiteit wijst graag met de vinger. Zolang het gaat over de andere persoon in de relatie of de dokter die je niet heeft gediagnosticeerd toen je ontdekte dat je iets had, of wat er niet op je bankrekening staat, voel je je van de haak.

Maar wat het niet doet, is veranderen hoe jij met geld omgaat.

Zou je bereid zijn om de manier waarop je met geld omgaat slechts één graad meer te veranderen? Laten we dus beginnen met dit, een andere leugen, #2.

De tweede leugen is dat je netto waarde gelijk staat aan je zelfwaarde.

Dus, vertel me, hoe komt het dat je geld moet hebben om waardevol te zijn? Hoe komt het dat je niet financieel oké bent, gewoon door jezelf te zijn?

Ik kom daar zo op terug, maar daarvoor wil ik een verhaal delen. Toen ik Gary Douglas voor het eerst ontmoette, de oprichter van Access Consciousness, deed hij een facilitatie op mij tijdens een 7-daagse workshop in Nieuw-Zeeland en zei hij: "Lieverd, je bent een slet."

Ik begon te huilen omdat ik geloofde dat het slecht was om een slet te zijn, en ik wist niet dat ik het op dat niveau geloofde, of dat ik geloofde dat de reden dat ik werd misbruikt was omdat ik een slet was. Ik geloofde dat ik iets fout had gedaan.

En dus zei hij tegen me: "Lieverd, wil je weten wat ik daarmee bedoel?"

Ik zei, "Absoluut."

Hij zei, "Heb je een oordeel over iemand of iets?"

"Nee, niet echt."

En hij zei, "Zelfs door alle mishandelingen die je hebt meegemaakt, haatte je de mensen?"

"Nee."

Hij zei, "Weet je dat dat zeldzaam is en anders?"

"Dat weet ik."

En hij zei, "Je kunt van iedereen ontvangen. En je kunt alles ontvangen, en dat ben jij. Dus, zou je de slet willen belichamen die je echt bent?"

En ik zei, "Ja, absoluut!"

Maar het kostte die verandering in mijn oordeel over wat het betekende om een slet te zijn, want tot dan toe had het betrekking op mijn verleden van misbruik.

Als iemand die veel misbruik heeft ervaren, duurde het lang voordat ik mijn lichaam van top tot teen, complete orgastische belichaming kon laten genieten. En ik heb er nog steeds wat dingen rond, maar het is 99,9 procent beter.

Toen vroeg ik: "Maar wat is een hoer?"

En hij zei: "Hey schat, de hoer krijgt het geld."

En dat is de waarheid, want als hij of zij het niet krijgt, heeft hij of zij iemand die het gaat halen.

Dat is wat ik wil zijn, een ontvanger van alle goede dingen.

Ik zeg niet dat ik mezelf moet uitbuiten of onecht moet zijn. Ik zeg niet dat ik mensen moet bedriegen of doden. En dat zei hij ook niet; hij kaderde iets zo schandaligs voor mij in om me buiten mijn eigen kooi te laten denken over wat ik niet zou ontvangen. Het was op dat moment ongelooflijk bevrijdend.

Ik zeg dat alles waarvan we denken dat het onze capaciteit om te creëren en te manifesteren zou kunnen vernietigen, dat zal doen als we er een vast oordeel aan hechten.

Als je iemand beoordeelt, zul je merken dat het voelt alsof je hart of lichaam samentrekt, of je voelt je een beetje zwaar, of je wilt je terugtrekken.

Hoeveel kun je van hen ontvangen? Hetzelfde geldt voor geld. Hoe meer oordelen je kunt ontvangen en hoe meer oordelen je kunt loslaten, hoe meer geld zal stromen en hoe meer geld in je leven zal komen, en hoe meer je zult ontvangen wat je werkelijk verlangt.

Hier ga ik vooruit naar leugen #3 – die gaat over ontvangen en oordelen in je leven.

Ik zeg niet dat je voor een groep moet gaan staan en zeggen: "Iedereen, kunnen jullie me beoordelen? Gooi je pijlen op mij."

Dus, alle relaties die je niet langer hebt en die een indruk op je hebben achtergelaten op seksueel gebied – de seksuele relaties die je niet langer hebt, inclusief de huwelijken die een indruk op je hebben achtergelaten, over hun standpunten over geld, over hun standpunten over jou, over hun standpunten over geld, over hun oordelen over jou die nog steeds rondzwemmen in je cellulaire bewustzijn, wil je daar energetisch van scheiden?

Wil je dat dissiperen en vrijgeven aan de aarde? Wil je alles wat van hen is aan hen teruggeven met bewustzijn eraan vast? Wil je je hele seksuele systeem bevrijden van hun realiteit? En je seksualiteit laten floreren, bloeien? Met nieuwe mogelijkheden?

Neem nu actie. Verbreek je leugens door jezelf vragen te stellen die ze deconstrueren.

20

WAT WEIGER JE?

Wat weiger je te zijn wanneer je het geld in je portemonnee stopt en het vraagt wat het wil zeggen, en het zegt: "Je houdt niet van me." Wat weiger je te zijn dat die energie meteen zou veranderen?

Wat weiger je allemaal te zijn met geld, dat als je het gewoon zou zijn – als je ervan zou houden, als je het zou aaien, als je het zou eren, als je het zou respecteren, als je het zou kussen – het maakt niet uit wat je ermee doet – maar als je ervan houdt, het creëert vanuit de vreugde van de mogelijkheid van wie je bent en wat je wilt als jouw realiteit, zal het komen.

Het universum zal samenspannen om je te zegenen, maar je moet kiezen en je verbinden aan jezelf. Het is jouw kans en je hebt vrije wil.

Verbind je aan jezelf – niet alleen omdat ik je dat vertel.

Anders gebruik je je geld niet als een mogelijkheid. En je gebruikt je geld niet als mogelijkheid omdat je niet bereid bent om de mogelijkheid te zijn.

Wat als jij de mogelijkheid was die rondloopt en dat jouw financiële realiteit is?

Een van de deelnemers aan mijn Leugens over Geld-workshops deelde op dit punt: "Geld werd in mijn familie altijd als straf gebruikt. Mijn ouders gingen scheiden en mijn vader strafte mijn moeder door al het geld weg te nemen omdat hij van haar hield. Hij wilde bij haar blijven en zij niet, dus eindigden we met haar in een klein appartement in Parijs, terwijl ik eerst de dochter van een ambassadeur was die in een enorm huis in de beste buurt van Parijs woonde."

Dus stelde ik haar een vraag: "Wat besloot je op dat moment over geld, door wat je zag bij je moeder en vader? Waarheid? Eerste gedachte, beste gedachte, geen gedachte."

Ze antwoordde: "Dat geld gemeen was."

"Precies. Mag ik nu iets met je delen? De manier waarop je zojuist met je geld sprak, 'Maar ik doe alles,'

– dat is gemeen." Ik benadrukte haar houding ten opzichte van geld. En ze was het ermee eens.

Ik vervolgde: "En dat is waarom wat je wilt veranderen met geld niet verandert, en het heeft niets met geld te maken.**

Het gaat erom hoe jij ervoor kiest gemeen te zijn, net zoals je moeder en vader gemeen waren tegen elkaar.**

Je financiële realiteit wordt beïnvloed door je houding ten opzichte van geld en welke emoties en overtuigingen je eraan hecht.

Als je jouw perspectief en interactie met geld verandert van iets dat negatief en strafbaar is naar iets dat je kunt waarderen en respecteren, zal je financiële situatie beginnen te verschuiven. Wat je werkelijk besluit en gelooft over geld, vormt de basis van hoe het zich in je leven manifesteert.

Het heeft te maken met het feit dat jij gemeen bent en ervoor kiest gemeen te zijn, net zoals je moeder en vader gemeen waren tegen elkaar.

Hoeveel waanzin ben je bereid om vanavond los te laten over wat je ouders je over geld hebben geleerd?

Hoeveel waanzin? Want als je begint het verhaal te vertellen, hoor je het: "Verdoemde Parijs, geld, scheiding. Haal me hier weg, red me, red me."

Maar de realiteit is dat we allemaal enige waanzin rond geld hebben.

Daarom is leugen #2 dat ons nettovermogen iets te maken heeft met ons zelfbeeld. Daarom maken we het over geld en gaan we naar al die geldworkshops waar we denken dat iemand ons het antwoord op onze financiële flow gaat geven.

Welnu, het antwoord is geen configuratie of berekening, het antwoord is jij die jij bent."

"Ben jij gemeen?" vroeg ik, om het intrinsieke karakter van deze persoon te begrijpen.

"Intrinsiek, ben jij gemeen? Toen je als kind keek naar wat je ouders deden, vond je het leuk?" vroeg ik verder, uitnodigend tot reflectie op invloeden uit de kindertijd.

"Nee, ik wilde zeggen dat ik zo gemeen was, maar ja," kwam de bekentenis.

"Wacht even... dit is goed," pauzeerde ik, beseffend dat dit een cruciaal moment was. "Zeg, 'Ik ben gemeen.'"

"Ik ben gemeen," reageerde de deelnemer.

Dit bewustzijn van je eigen houding en gedrag tegenover geld is essentieel.

We hebben de neiging om de waanzin die we van onze ouders hebben geleerd over geld, over te nemen. Dit leidt tot destructieve overtuigingen zoals dat ons financiële succes onze eigenwaarde bepaalt. Deze overtuigingen vormen een belemmering voor ons vermogen om overvloed te ervaren. Om deze patronen te doorbreken, is het noodzakelijk om je eigen relatie met geld te herzien en je eigen waarde te erkennen, los van je financiële situatie.

Wat als het antwoord niet in geldworkshops of formules ligt, maar in het simpelweg jezelf zijn? Wat als jouw werkelijke waarde en potentieel in je eigen authenticiteit liggen?

"Zeg, 'Ik ben echt verdomd gemeen.'"

"Ik ben echt verdomd gemeen," herhaalde de deelnemer.

"Ik weet zeker dat ik niet aan jouw andere kant zou willen staan, aan die gemene kant, want je zou me zo door midden kunnen snijden, nietwaar?" merkte ik op, bewust van de scherpe kanten.

"Oh, ja," bevestigde de deelnemer.

"Geld komt naar het feest van plezier. Het komt niet naar gemeenheid, en als je in stukken gesneden wordt, zal iedereen wegrennen. Ben je klaar met dat mensen voor je wegrennen?" vroeg ik, en stuurde het gesprek naar een transformatie.

De deelnemer onthulde toen een familietwist in het verhaal. "Omdat mijn vader niet genoeg geld aan mijn moeder gaf, zette mijn moeder me uit wraak op de duurste scholen ter wereld, zodat hij de scholen zou moeten betalen en het geld zou spenderen."

De andere leugen waar ik vanavond over wilde praten, is dat geld je vijand is – geld als je dader, niet je bondgenoot, en dat is waar zij het hier over heeft," legde ik uit, en verbond de punten.

"Wil je dat nog een stap verder brengen?" vroeg ik, een kans biedend voor een verandering in perspectief.

"Ja," bevestigde de deelnemer, bereid om de lagen van eerdere conditionering te doorgronden.

En zo konden we de leugens voor deze persoon blootleggen, hen uit een plek van verwarring en frustratie met geld halen naar de bereidheid om te transformeren, beginnend met slechts een kleine verschuiving.

Ik kon begrijpen waar ze vandaan kwam, want dat is wat ik ook heb meegemaakt. Mijn moeder gebruikte ook geld op ons, tegen onze wil, om haar boosheid op mijn vader te uiten. Ik wilde die Cabbage Patch-poppen niet! Ik was een beetje een tomboy en wilde geen Cabbage Patch-poppen, maar het was de jaren 80 en toen een groot ding, en zo'n goed voorbeeld van hoe mijn moeder geld uitgaf als reactie op woede naar mijn vader.

Mijn moeder vertelde mijn vader erover en zei: "Ik heb hier meer geld voor nodig. Lisa, vertel je vader over dit en dat.

En ik zei: "Ik, eh, wat? Ja, ik kreeg Cabbage Patch-poppen, bedankt, pap."

Ik ging weg en ergens heen. "Oh mijn god, deze mensen zijn gek. Wat is deze realiteit?" Het is krankzinnig hoe mensen geld gebruiken.

Wist ze het beter? Nee, dat was hun dynamiek: wrok, afwijzing, spijt rond geld.

Wil je jezelf losmaken van de realiteit van je moeder en je vader, of van die van de politieagent, de belastingdienst of je ex?

En zou je bereid zijn de gemeenheid los te laten die je hebt gekozen als je kostuum, je persona, gebaseerd op wat je hebt waargenomen

Slechts één graad meer, want er is een schoonheid en zachtheid in je die de echte jij is. Ik kan dat zien, maar het zit onder al dat pantser van gemeenheid. En er is niets pijnlijker dan leven als niet-jezelf met dat pantser.

Ik weet het, want ik heb dat ook geleefd.

Als het eenmaal weg is, als je jezelf eruit ritst en stapt in wie je echt bent, zal de voorzienigheid ook meebewegen.

21

———

GELD GEEFT JE VRIJHEID

Geld geeft je meer vrijheid en controle, toch? Deze realiteit pulseert daarop, toch? Je kunt ertegen vechten en al het materiaal creëren dat je wilt, maar weet je wat?

Als je dat blijft doen, verlies je, omdat deze realiteit anders vibreert.

Wat als je al je energie zou besteden aan het werkelijk ontvangen ervan in plaats van het weg te duwen? Wie zou je dan zijn?

Dus het is een keuze.

Geloof me, je ontwikkelt een aantal beperkingen als je elke week een stapel geld op de toonbank hebt liggen en kijkt wat er gebeurt. Je ontwikkelt een opsluiting, en dan creëer je elke dag een incarnatie.

Het is dezelfde waanzin keer op keer, totdat je eigenlijk vergeet dat je een andere keuze hebt, en dat wat je creëert niet is wie je bent, totdat je op dat moment wakker wordt en zegt: "Ik weiger dat nog langer te doen. Ik ben mezelf.

Er was een deelnemer in een workshop die een eigenaardige relatie met geld onthulde. Ze toonde een vaardigheid om snel geld te genereren, maar worstelde met het minder leuke aspect van terugbetalen. Nieuwsgierig naar de onderliggende dynamiek vroeg ik: "Wat vind je zo fijn aan het haten van het terugbetalen van mensen?"

"Het is alsof, zodra ik hen terugbetaal, ze dan weg kunnen gaan," gaf de deelnemer toe. Ik herkende het patroon en vroeg verder: "Heeft het iets te maken met geld?"

"Nee," kwam het antwoord, wat de loskoppeling van het financiële aspect bevestigde.

"Leugen #1 in actie," wees ik erop, en benadrukte de kloof tussen het waargenomen probleem en de werkelijke oorzaak. Om de deelnemer aan te moedigen het patroon te verwoorden, vroeg ik: "Zeg het nog eens, 'Dus als ik hen terugbetaal...'"

"Als ik hen terugbetaal, kunnen ze dan weggaan," herhaalde de deelnemer.

"En als ze weggaan, wat gebeurt er dan?" vervolgde ik, en ontleedde de lagen.

"Dan verlies ik hen," erkende de deelnemer.

"En als je hen verliest, wat betekent dat dan over jou?" vroeg ik, en leidde de deelnemer naar een reflectie op de diepere implicaties.

"Dat niemand me aardig vindt," was het onthullende antwoord.

"En als niemand je aardig vindt, wat betekent dat dan over jou?" drong ik verder aan, op zoek naar de kernopvattingen.

"Ik ben leeg," gaf de deelnemer toe, en bereikte een punt van onzekerheid.

"Goed, want nu komen we ergens waar je niet bekend mee bent," merkte ik op, terwijl ik de opkomst van onontdekte emoties herkende.

"Wat vind je zo fijn aan geen mensen om je heen hebben, en dat je alleen kunt zijn en niets kunt zijn?" vroeg ik, met de bedoeling om de verborgen motivaties aan het licht te brengen.

"Dan kan ik doen wat ik wil," onthulde de deelnemer, en wierp licht op een terugkerend thema.

"Heeft dit iets met geld te maken?" vroeg ik, en bracht een reflectie teweeg op de verbinding tussen de waargenomen patronen en de financiële ervaringen van de deelnemer.

Nee, maar ze projecteerde het op geld, dus haar hele motto was om alleen te zijn en te doen wat ze wilde. Ze moest al deze rotzooi op geld projecteren, deze hele dynamiek van het op het laatste moment maken met de grote catastrofe en drama, geld krijgen, lenen en mensen het aan haar geven, en dan moeten terugbetalen. Ze trapte op de remmen om de controle te behouden.

Misschien zou je ervoor kunnen kiezen om het met kleding te doen in plaats van met geld.

Het is alsof je zegt: "Laat me het enige nemen waar deze realiteit op focust en functioneert en er zo'n strijd, drama en trauma over creëren, zodat ik er nooit werkelijk voorbij kan komen, nooit een relatie mee kan hebben en er nooit een bondgenoot mee kan zijn, zodat ik altijd in strijd kan zijn met het enige waar deze realiteit op pulseert. Proost."

Hoeveel van jullie doen dat ook? Je wilt eigenlijk meer controle, meer macht in je leven, maar je projecteert het alleen op je financiën. Dit is ook financiële mishandeling. En je moet je gedrag erkennen en je weg werken naar een transformatie.

22

WAT IS HET JUISTE ANTWOORD?

Toen mijn vader stierf, liet hij een puinhoop achter die ik moest opruimen – een puinhoop van ongekende proporties – en ik ben nog steeds aan het opruimen. Gelukkig is het bijna klaar.

Maar hij zei heel duidelijk toen hij nog leefde: "Ik wil dat jullie het allemaal hebben en gebruiken, en ik zou het geweldig vinden om jullie het te zien gebruiken en hebben, en hoe kan ik jullie ondersteunen?"

Hij maakte het plan. We hebben gewoon niet geluisterd.

Maar hij had een probleem – hij kon zelf niets hebben.

Hij moest het aan iedereen geven. Hij gaf het aan mijn moeder, hij gaf het aan mij, en mijn broer en mijn zus. Hij betaalde voor veel bruiloften van mijn neven en nichten. Hij betaalde voor de bruiloften van andere mensen.

Hij was gewoon zo'n gever, overdreven gul, maar dat was omdat hij niet kon geloven dat hij het waard was om er iets van te hebben.

Maar wat betekent het hebben van geld in deze realiteit?

Sommigen van ons denken dat als je geld hebt, je veilig bent. Nou, ik ken veel mensen met geld, en er gebeuren nog steeds verschrikkelijke dingen met hen.

Hoe zit het als je geen geld hebt, ben je dan niet veilig? Nou, ik ken veel mensen die niet veel geld hebben en er is niets mis met hun leven. Ze zijn gewoon gelukkig.

Dus, deze dingen die mensen projecteren zijn allemaal suggesties, oordelen en gezichtspunten die bedoeld zijn om je te controleren en te configureren naar iemand anders' visie.

Als je jezelf configureert naar iemand anders' visie, waar pas je dan zelf in?

Je past niet.

Hoe vaak heb je jezelf losgekoppeld van jouw financiële realiteit om in deze financiële realiteit te passen? Ben je een van degenen die willen sparen voor een regenachtige dag? Is het goed om te sparen voor een regenachtige dag?

Wat is het juiste antwoord?

Toen ik mijn 'Leugens van Geld'-workshop in Florida deed, was het absoluut geweldig, en iedereen bleef maar vragen: 'Dus wat is het juiste antwoord?' Ik vond het echt grappig en vroeg me af of het een Floridiaans iets was, om het juiste antwoord te willen weten.

Nou, het is zowel goed als slecht om zo te denken. Want ik zal je zeggen, ik ben waarschijnlijk de slechtste persoon ooit om naar toe te gaan als je op zoek bent naar het juiste antwoord. Ik zal je gek maken – er is geen juist antwoord. Het gaat erom wat waar, licht en juist voor jou is.

Dus nieuwsgierig zijn naar wat juist en licht is, is goed, maar het is geen universeel en objectief iets. Wat juist en licht is, is subjectief en uniek voor ieder van ons.

Dat is net als het schoolsysteem in dit land dat zegt: "Je krijgt dit antwoord, past het in het vakje, dan krijg je een A. Je krijgt zoveel fouten, je krijgt een B, zoveel fouten, je krijgt een C, zoveel fouten je krijgt een D."

Of, als je zoals ik in de meetkunde zit, faal je herhaaldelijk en krijg je een bijlesleerkracht totdat je slaagt, toch?

Dat is deze realiteit. Je moet het juiste antwoord hebben om vooruit te komen.

Het is niet anders dan geld nodig hebben om je zelfwaarde te hebben, iets beters te zijn.

Dus terugkomend op sparen voor een regenachtige dag. Wie heeft ons dit idee geleerd? Nou, we zijn geen drie, vier of zeven jaar meer, en we vergeten dat we daadwerkelijk kunnen kiezen wat licht en juist voor ons is.

Die Cabbage Patch-poppen... werd ik daar ooit naar gevraagd?

Nee, ik wilde GI Joe, verdorie!

Ik hield van Superman, ik hield van voetballen, ik hield ervan om naar de stad te gaan.

Ik deed kindermodellenwerk in de stad, maar ik wilde geen modellenwerk doen. Ik vond de helikopterrit erheen leuk, maar het modellenwerk was vreselijk omdat je daar moest staan en aantrekken wat ze je maar wilden laten aantrekken

Er was geen keuze.

Mijn moeder wilde het, zij wilden het. Je staat op, je doet het. Dat is hoe veel mensen ziek worden met levensbedreigende ziektes, en zoveel relaties eindigen afschuwelijk, en mensen hebben problemen met geld-stromen – omdat we allemaal kiezen om ons leven te creëren op basis van iets of iemands gezichtspunt dat eigenlijk een leugen voor ons is.

En ik zeg, "ROAR®. Niet meer." Wees het gerommel.

Wees de tsunami, de aardbeving.

Wees de stroom die de fysieke realiteit verandert door je aanwezigheid. Zeg "Ja" als je ja bedoelt, "Nee" als je nee bedoelt.

Stop met geloven dat geld de wortel van al je problemen is. Stop met geloven wat je is verteld over geld. Zeg gewoon: "Verdorie, als dit mijn financiële realiteit is, wat zou ik dan kiezen? Als ik vandaag mijn financiële realiteit leefde, wie zou ik dan zijn?"

Omdat je dan in ieder geval weet dat je in het heden bent. Zeg ik dat je niet moet sparen?

Nee.

Ik zeg dat je niet moet belichamen, configureren, afstemmen, ermee instemmen, verzetten of reageren op iets dat niet jouw "Ja" is – dat licht en juist en leuk voor jou is.

Wees jezelf, boven alles, en creëer magie.

23

BRILJANT MET GELD

Alles wat je hoeft te doen is een vraag stellen – dat is alles.

Ik ben als een hond met een bot als het gaat om faciliteren. Ik hou ervan om het uit elkaar te halen, het links en rechts te scheuren, en het probleem te laten verdwijnen – en je zo snel mogelijk daaruit te halen en in iets nieuws te brengen.

Dus laten we dit hoofdstuk beginnen met nog een paar vragen.

Wil je meer contant geld hebben?

Wil je minder geld hebben?

Kom je uit zeer rijke families?

*Kom je uit families die echt moeite hebben, met veel
conflicten over geld?*

In mijn workshops over de hele wereld steken de
meeste mensen hun hand op bij deze laatste vraag.
Iedereen komt uit een soort conflict, worsteling of
problematische situatie met betrekking tot geld. Dat
is de ervaring, de definitie, het perspectief en het
begrip van de meeste mensen over geld in deze
realiteit.

Het is tijd om de deur naar een nieuwe mogelijkheid te
openen.

Het onderwerp geld heeft veel projecties, oordelen,
scheidingen, verwachtingen, wrok, afwijzingen en spijt
eraan verbonden. Die energieën rond geld kleuren wat
de energie van geld werkelijk betekent.

In mijn ogen gaat de energie van geld over vrijheid,
expansie en bewustzijn. Het gaat om het licht, de
volheid en de vrijheid van de unieke gave en capaciteit
die je bent in de wereld, en om dat te zijn in de wereld
en te doen wat je ook doet, wat je ook leuk vindt om te
doen dat gemakkelijk en leuk voor je is. En, nog
belangrijker, dat je in de wereld bent waar de mensen
die uniek gekwalificeerd zijn om met jou te werken
naar je toe komen, jou ontvangen, en jij hen ontvangt
en samenwerkt namens hen.

Geld hebben is de vrijheid en de expansieve mogelijkheid om deze realiteit te veranderen volgens wat licht, juist en leuk voor jou is. Wat zou je willen zijn en doen als je al het geld had dat je wenst?

Wat zou je kiezen?

Wat ik in mijn leven heb ontdekt, is dat het voor mij gemakkelijk is om geld te genereren en te creëren. Het was echt moeilijk, tot de laatste paar jaar, om geld te hebben en mezelf toe te staan, het consequent en continu te hebben met investeringen, reizen, plezier, genot en de wereld rondreizen.

Dus genereren en creëren was gemakkelijk voor mij, maar het hebben, het behouden, was iets wat ik moest cultiveren. Dit is waar mijn eerste leugen over geld naar voren kwam – dat ik alleen kon genereren en creëren en niet kon hebben. Heb ik dat zelf gecreëerd?

Nee. Ik imiteerde mijn vaders realiteit. Mijn vader was een arme man die werd opgevoed door een alcoholist en zichzelf had opgewerkt tot multimiljonair, maar alles weer verkwanselde omdat hij altijd tegen me zei: "Ik was een arme jongen uit Brooklyn. Ik had nooit verwacht iets te bereiken. Ik verdiende het niet. Ik had niemand. Ik had niemand die me ooit enige vriendelijkheid toonde, en alles wat ik wil is dat jullie (mijn broer, zus, moeder en ik) alles kunnen hebben wat jullie willen terwijl jullie leven. Ik wil dat alles op is tegen de tijd dat ik dood ben, want ik verdien het niet."

Hij kon niets voor zichzelf hebben, maar hij kon alles van zichzelf aan anderen geven. Dus hij was echt gul. Elke keer dat we naar de wedstrijden gingen, zei ik: "Pap, kom bij ons zitten. Kom hier zijn."

Nee, jullie kinderen moeten plezier hebben. Ik heb het geweldig naar mijn zin. Ik vind het fijn als jullie gezichten gelukkig zijn," zei hij dan. Hij nam foto's en deed al dat soort dingen. Er was gewoon iets verdrietigs aan dat het geweldig was om hem daar te hebben en om dat allemaal te doen, maar als kind wilde ik echt dat hij daar was, om ervan te genieten, anders dan alleen de 'high fives' na een doelpunt of touchdown of "Hé, we hebben een biertje nodig," of "Hé, we hebben een hotdog nodig."

Wat die energie ook is van ervoor kiezen om niet te hebben, maar weten dat je kunt creëren en genereren, dat is een dubbele binding. Het midden van de dubbele binding is geld. Aan de ene kant is er "Ik kan niet hebben. Ik verdien het niet. Ik ben niet goed genoeg om te hebben" of een versie daarvan. Aan de andere kant is er "Ik wil dat jij hebt."

"Wat kan ik je nog meer geven? Laat me dit doen. Laat me dat doen."

Ik groeide op in New York en ging naar school in Connecticut. Mijn vrienden kwamen bij me thuis en we reden samen terug naar de universiteit. Hun vaders gaven hen "Hier is je $20," en mijn vader zei dan: "Hier is een paar honderd."

Ik schaamde me er zo voor dat ik geen idee had hoe ik het moest bewaren of gebruiken. Het was de meest willekeurige ervaring. Het is echt een prachtig verhaal. Ik praat graag over hem omdat ik vlakbij de plek ben waar ik zijn as heb uitgestrooid. Daarom ga ik zo graag terug naar San Francisco.

Ik heb meer dan twintig jaar in San Francisco gewoond. Ik had daar vele jaren een kliniek en een praktijk. Het is een zeer betekenisvolle plek voor mij, en dit is de eerste keer dat ik zo dicht bij de plek ben waar ik zijn as heb uitgestrooid. Het is heel mooi om hier te zijn.

Hoe dan ook, ik heb zeker veel geld verkwist. Ik was de koningin van de leugens over geld. Ik dacht dat het 'alles of niets' was. Dat is een van de dingen die hij me heeft geleerd, wat me niet altijd ten goede kwam.

Een andere les was dat, wanneer ik hem om geld vroeg of hoe ik het kon creëren, hij altijd zei: "Oké, Lisa. Onthoud wat ik je heb verteld. Doe wat je leuk vindt... En terwijl ik met je praat, trouw ook niet. Maar als je toch trouwt, doe dan niet aan het opposieten trekken elkaar aan, want dat werkt niet."

Ik dacht dan: "Bedankt, pap." Het punt is dat als ik hem om geld vroeg, hij het gewoon gaf. Jarenlang heb ik nooit geleerd hoe ik zelf geld kon hebben, of het kon genereren en creëren, ook al vertelde hij me herhaaldelijk dat het niet alleen een mannenwereld is, wees je eigen baas.

Hij had zo'n invloed op mijn leven, en toen hij er niet meer was, was dat best wel een domper. Hij deed ook nog iets vreemds met geld, een soort dubbele binding. Je kunt alles creëren wat je wilt, maar ik ben de bron. Dat zei hij niet, maar dat was hoe ik het interpreteerde, modelleerde en genereerde. Het heeft lang geduurd voordat ik financieel op mijn eigen benen stond.

Laten we een stap zetten richting de oneindige mogelijkheden, de veelheid aan mogelijkheden die op je pad komen en licht en juist aanvoelen, en ook 'nee' zeggen tegen iets waarvan je weet dat het een leugen is.

24

MET DE VINGER WIJZEN

We hebben deze oefening meerdere keren in dit boek gedaan, en ik wil je vragen er opnieuw over na te denken. Elke keer vroeg ik je je voor te stellen dat je in relatietherapie ging met je geld. Wat dacht je dat je zou zeggen?

Je doet dit niet!

Je doet dat niet!

Je doet dit of dat!

Je weet dat wanneer je met de vinger wijst, je de waarheid in jezelf ontkracht en afwijst. Dat creëert juist dat oordeel dat je buiten jezelf projecteert. Als iemand niet gelukkig is in een relatie, wil je dit misschien nog eens lezen.

Wanneer je met de vinger wijst, oordeel je. En als je oordeelt, neem je eigenlijk wat van jou is en houd je het niet als jouw waarheid om er iets mee te doen en het te veranderen. Je legt het op het geld, de persoon, de relatie, het werk, het bedrijf, wat dan ook.

Wat is het doel van iemand anders beschuldigen van wat je zelf doet? Waarschijnlijk zodat je nooit naar jezelf hoeft te kijken en wat je zelf doet. Je hoeft nooit te veranderen wat je doet, zodat alles hetzelfde kan blijven met wat je doet. Je kunt altijd hetzelfde verhaal hebben: "Hoe hard ik ook probeer, niets werkt ooit voor mij. Ik heb het geprobeerd."

Je hebt een geheime agenda of leugen om je geldopvattingen hetzelfde te houden zonder ze in twijfel te trekken, en je kijkt nooit in de spiegel, wat jezelf is. In plaats daarvan speel je een eindeloos schuldspel zonder resultaat.

Nu wil ik wat meer delen over de tweede leugen van geld; 'wie ben je?' Voor mij was dat geen geld hebben, een soort van alles in één keer uitgeven en weer terugkrijgen, waarbij ik mijn vader als de bron gebruikte toen ik opgroeide.

Ik herinner me dat ik in Arizona woonde en mijn master deed. Ik leidde een residentieel behandelcentrum waar ik $30 per uur verdiende. In die tijd was mijn manier van omgaan met geld en mensen te zeggen: "Ik betaal. Kom maar mee." En ik legde geld midden op tafel – niet zomaar een biljet van $100 – en we gingen uit totdat dat geld op was.

Wat was ik aan het zijn?

Ik was mijn vader zonder dat ik het wist.

Toen begon ik echt in zijn psyche te duiken, omdat de enige manier waarop ik contact maakte, via geld was. Als ik geen geld had, zou niemand met me uit willen gaan, vrienden willen zijn, en gewoon bij me willen zijn. Wat een krankzinnig en verraderlijk geloofssysteem!

Niemand heeft me dat verteld. Ik creëerde dat omdat dat was wat mijn vader op zijn eigen manier suggereerde. Hij dacht dat hij niet geliefd was. Hij vond dat hij niets verdiende. En ik dacht hetzelfde, steeds weer opnieuw, jarenlang. Zo ging het totdat er iets gebeurde.

Ik herinner me die dag nog goed. De dag dat ik die nul op mijn bankrekening zag.

Ik raakte in paniek. Ik was in shock, en ik had niemand om te bellen, omdat ik me te veel schaamde om mijn vader te bellen na al het geld dat hij me had gegeven. Ik zou zeker mijn moeder niet bellen omdat ik wist dat

het zou eindigen in een litanie van Italiaanse scheld-
woorden en erger.

Wat ben je aan het zijn?

Ik was steeds weer opnieuw mijn vader. Toen kwam er
een eenzaamheid over me, zelfs als we aan het feesten
waren of wat dan ook. Het werd niet leuk meer omdat
ik niet mezelf was. Ik was hem, en je kunt maar een
paar keer iets zijn voordat je hersencircuits soort van
uitschakelen en het niet meer gebruikt kan worden.
Hetzelfde geldt voor verslavingen. Je bereikt een
bepaald niveau, maar dan verdwijnt die kick en moet
je naar het volgende niveau. Je tolerantieniveau
verandert.

Je hebt meer nodig, je hebt meer nodig, en je verlangt
naar meer. Gelukkig besloot ik dat wat ik meer nodig
had, was uitzoeken wie ik was en wie ik aan het zijn
was. Ik moest kiezen om hem los te laten. En dat
bracht een hoop ellende met zich mee. Moest ik
afstand doen van zijn liefde voor zaken? Was zijn liefde
voor zaken eigenlijk wel gezond? En, was dat echt mijn
liefde voor zaken of wat ik van hem imiteerde?

Was het zijn liefde voor geld of mijn liefde voor geld?
Was ik in de bankwereld en op de business school
vanwege mezelf of vanwege hem? Moest ik psychologie

doen of werken in het bedrijfsleven in New York zoals mijn familie?

Eigenlijk ging dat nooit gebeuren. Ik herinner me dat ik uit mijn slaapkamerraam keek en iedereen zag – vrouwen en mannen die naar de trein liepen omdat ik vlakbij het station woonde. En, raad eens? Niemand glimlachte op weg naar hun werk. Ik beloofde mezelf dat ik nooit zou willen leven op een manier waarbij ik niet blij was met mijn werk of er niet elke dag enthousiast over was.

Wie waren ze aan het zijn?

In een van mijn workshops sloeg het gesprek eens een andere richting in naar stabiliteit en voorspelbaarheid, waarbij een deelnemer onthulde dat ze deze eigenschappen belichaamden. We onderzochten waar deze overtuiging vandaan kwam, en het leidde terug naar hun moeder. Stabiliteit en voorspelbaarheid voelden bekend en veilig, met een vast en duidelijk budget.

Toen we dieper groeven, ontdekten we dat deze overtuiging zijn oorsprong vond in de deelnemer als acht-jarige. Het was toen gevormd en ze hielden er nog steeds aan vast. We realiseerden ons dat de deelnemer zijn jongere zelf feitelijk had verplicht om hun financiële werkelijkheid te beheren. We verkenden de vooren nadelen van deze benadering. En natuurlijk zou niemand willen dat een kind hun financiën beheert.

Dus verschoof het gesprek naar het loslaten van deze verplichting en het geven van een 'afscheidspakket' aan de achtjarige vol met plezier, vrijheid en volwassen verantwoordelijkheid. De energie in de kamer werd lichter toen de deelnemer het vooruitzicht omarmde van een nieuwe, bekrachtigde kijk op geld.

Onder het masker van stabiliteit en voorspelbaarheid van de financiële aanpak van hun moeder, ontdekten we een onderstroom van angst en bezorgdheid. De deelnemer had deze emoties onbewust geïnternaliseerd en verkeerd gelabeld als veiligheid.

Deze realisatie bracht een diepgaande verschuiving in perspectief teweeg – het losbreken van geldankers uit de kindertijd. De deelnemer begon te begrijpen dat hun financiële realiteit niet zo somber was als ze dachten. Het markeerde een transformerend moment en opende de mogelijkheid voor een gezondere relatie met geld.

Dus vraag jezelf af: Laat je het kind in jou je bank beheren? Of ben jij de baas?

25

BRILJANT MET GELD

Wat als je hier weggaat met niets anders dan jezelf en de ruimte om jezelf te zijn?

Als je een toverstokje had – en je echt jezelf was, wat zou je dan op dit moment kiezen?

Zou je zelf je budget doen of zou je iemand laten komen om samen te werken en je iets te laten zien waar ze plezier in hebben?

Ik vond een vrouw die dol is op cijfers, en ze spreekt tegen mij in cijfers. Ze maakt alles zo duidelijk voor me over al mijn rekeningen en alles, en ze heeft me op QuickBooks online gezet. Het is geweldig. Die beklemming is gewoon verdwenen.

En ik begin me zo expansief en creatief te voelen, gewoon door te weten dat zij alles voor me regelt en dat ik er met haar over kan praten. Dus als ze iets vraagt, is er een opwinding van: "Ja. Hier is het," of als ze zegt: "Kijk hier eens naar," zeg ik: "Ja, laten we dat doen."

Er is een opwinding over, terwijl ik na de dood van mijn vader, toen ik hem niet meer als bron had, totaal doodsbang was. Ik wist niet wat ik moest doen. Ik moest voor het eerst mijn eigen financiële werkelijkheid creëren.

Vandaag ben ik blij met waar ik ben, geleid door de juiste energie.

Ik weet meteen wanneer het een "Nee, wegwezen, ik bel je niet eens terug" is.

Ik weet wanneer er een opening is en ik denk, "Dit is mijn ding. Ik heb haar of hem echt nodig."

Begrijp je wat ik bedoel? Dat weet ik nu. Dat wist ik toen niet, omdat ik onder het geloofssysteem van mijn vader zat.

Dus, als je na het lezen hiervan je een beetje lichter, expansiever en vrijer voelt, geweldig. Als je je ellendig voelt en hier wegloopt met het idee, "Oh, shit. Ik heb wat dingen te doen," ook goed, want dan erken je in ieder geval de leugens.

Wie ben je aan het zijn? Wat ben je aan het zijn? Welke leugen(s) geloof je? Onthoud, de wie is meestal iemand, de wat is een energie. En de leugen is een overtuiging die is ingeprent door die iemand of die energie, en die je nog steeds als waar beschouwt.

Er zijn ook zoveel culturele barrières om je financiële werkelijkheid op orde te krijgen. Laat me een andere interactie delen uit mijn workshop "Lies of Money". Dus, we praatten over geld, en de sfeer werd interessant. Plotseling liet een Russische deelnemer deze bom vallen: "Het is fout om geld te hebben." We besloten er wat mee te spelen, het in het Engels en daarna in het Russisch te zeggen. Verrassend genoeg voelde de Russische versie lichter, spannender aan.

We doken in hoe culturele opvattingen geld overtuigingen vormden. Het bleek dat de Russische kijk op geld vrijer aanvoelde voor de deelnemer. Toen kwamen we op iets groots – het idee dat "evil" (kwaad) gewoon "live" (leven) achterstevoren gespeld is. We waren daar iets op het spoor.

De deelnemer vertelde over de negativiteit rond geld in hun Russische gemeenschap. Het was frustrerend. We verkenden de overtuiging dat geld slecht is en ontdekten een diep conflict. Ze realiseerden zich dat ze vastzaten in het rechtvaardigen van het niet echt leven, net als hun moeder, en dat was niet cool.

Dit gesprek benadrukte hoe geld overtuigingen, cultuur en persoonlijke ervaringen allemaal met elkaar verstrengeld zijn. Mijn taak was om vragen te stellen die hen aan het denken zetten. Het doel? Hen helpen geld in een nieuw, krachtig licht te zien.

Dit gesprek toonde aan dat het in twijfel trekken van wat je denkt over geld je vrij kan maken. Het is een reis naar een betere relatie met rijkdom. En het bewees dat het veranderen van je kijk op geld deuren kan openen naar meer overvloed en geluk.

Als ik terugkijk op ons gesprek, herinnert het me eraan waarom ik hier ben – om mensen zoals de deelnemer te helpen oude geldmindsets los te laten en in een helderdere, spannendere toekomst te stappen.

Hoeveel van deze overtuigingen heb je gehoord: Dat geld slecht is? Dat je niet verder kunt komen dan je huidige positie in het leven? Als je meer verdient dan je familie, word je dan verbannen of buitengesloten? Of word je niet meer geliefd als je meer hebt dan je vrienden of familie?

En hoeveel van wat je bent, is het afstaan van je financiële vaardigheden voor iets dat je niet eens bent?

Want als ik je dit vraag, los van je gedachten en los van je daadwerkelijke bankrekeningen, weet je dan dat je briljant bent met geld?

Is er iemand die dat niet weet? Waarheid?

Het is oké, je komt niet in de problemen. Zeg: "Ik ben briljant met geld."

En als je aarzelt, wanneer ben je dan gestopt briljant te zijn? Wie ben je aan het zijn toen je stopte? Wat ben je aan het zijn? Wat ben je aan het zijn toen je stopte? Welke leugen geloof je?

Want hier is het punt. Als je ooit briljant was met geld, ben je dat nu nog steeds. Het is gewoon verborgen.

Het klinkt een beetje als een complottheorie, maar het is gewoon een manier om je realiteit te ordenen en je klein te houden. Dat is wat deze realiteit doet. Het stopt je in een hokje en werkt je weg. Het is als het kinderspeelgoed waarmee je begon met leren over cirkels en vierkanten, en je nam de cirkel en probeerde die in het vierkant te persen. Dat is als 'geld is slecht' en 'ik ben niet goed met geld'. En je blijft het steeds weer herhalen, maar de cirkel gaat nooit in het vierkant omdat jij de cirkel bent. De cirkel gaat in de cirkel omdat jij briljant bent. Jij bent een cirkel.

Snap je het? Dus, ben je briljant met geld?

Ja? En zou je één graad van wat het ook was dat je koos om niet te zijn, opgeven?

Wat die emotie ook is die je opgeeft, surf erop zoals je op een golf in de oceaan surft. Adem door je mond. Emotie, energie in beweging.

Ik werk met deze briljante aandelenhandelaar die in Australië tonnen en tonnen geld verdient. Toen gebeurde er iets en hij maakte één slechte "keuze" en, vervolgens, was elke keuze daarna slecht, tot het punt dat hij bijna alles verloor en zes maanden vrij moest nemen en veel persoonlijk werk moest doen om zijn zelfvertrouwen terug te krijgen.

Het was verwoestend – verwoestend voor hem en zijn vrouw. Ze waren allebei handelaren en, plotseling, konden ze hun briljantheid niet eens meer horen of waarnemen. Het was weg.

Als zoiets gebeurt, om welke reden dan ook, want het verhaal deed er niet toe, en je begint keer op keer het tegenovergestelde te kiezen van wie je bent, dan begin je daadwerkelijk het tegenovergestelde te geloven van wie je bent. Je vergeet dat je een miljoen dollar hebt verdiend of succesvol bent geweest. Niet alleen met geld, met alles. En voor mij is dat het grootste misbruik van deze realiteit.

Het neemt al onze geweldige eigenschappen, gewoon voor wie je bent, en verdraait ze en bederft ze tot iets anders dat er niet eens uitziet als jij. Dan kijk je in de spiegel en denk je: "Wie de fuck ben jij?" En dan denk je: "Oh ja, dat ben ik. Laat me in mijn hol kruipen. Ik ga leven in zieligland."

Het hoeft geen twintig jaar therapie te zijn met deze tools. Geloof me, ik weet dat ik van wat dingen ben afgekomen. Ik weet hoe het is om naar dingen te kijken die je nooit meer wilt zien of voelen of proeven of ruiken.

Toch weet ik dat ik, als ik kijk, empowered ben omdat ik nu een duidelijke en bewuste keuze kan maken. Men kan ervoor kiezen om de keuze te negeren of te vergeten, maar het neemt de kracht om te kiezen niet van hen weg.

Is het altijd leuk? Nee.

Smaakt het soms als gal? Ja.

Smaakt het maar even als gal? Ja.

Je hoeft niet nog twintig jaar door te brengen met iets te zijn wat je niet bent en de anti-jij te creëren. Je kunt vandaag en elke dag vanaf nu jezelf zijn. Jezelf zijn, de echte jij, jouw zielspoor – deze briljantheid is intrinsiek aan ons allemaal.

Zou het oké zijn als je lichaam niet langer de opslagcontainer was voor andermans oordeel over hun gebrek aan bereidheid om geld te hebben? Zeg hardop ja, als dat zo is...

Dus, wanneer mensen dat om je heen doen en je het voelt, ze schampen je, kun je zeggen: "Stop met je rotzooi op mij te gooien, ik kies mijn financiële werkelijkheid."

Het is alsof je een superkracht hebt.

Ontken of ontkracht nooit, nooit, nooit wat jou is geschonken en wat je voor jezelf hebt gecreëerd. Hebben in deze realiteit is een vermogen om te ontvangen, vooral met geld, op een niveau dat de meeste mensen nastreven en nooit bereiken.

We hebben meer wezens zoals jij nodig om te ontvangen en een wereld te bereiken zonder misbruik - inclusief financieel misbruik.

Dus, blijf geld hebben en blijf mensen, zoals je vrienden, echt laten weten, zijn, ontvangen, en waarnemen het verschil en de unieke capaciteit die jij bent. Het is een geschenk.

Mijn partner komt uit een gezin met geld, zij beheert geld, en ze heeft veel geld. Ze heeft nooit, nooit, nooit zonder geld gezeten.

Ik had mijn vader en wij hadden geld, maar ik heb

altijd voor geld gewerkt. Ik werk al sinds ik jong was. Er was ook veel misbruik, veel verhalen.

Ik heb een geschiedenis in de modellenwereld met geld die vol stond met pornografische dingen in het bureau waar ik werkte. Het is een te lang verhaal om nu op in te gaan, maar ik had veel problemen met geld en hebben. Ik wilde het niet omdat het geassocieerd was met misbruik en dergelijke. Ik werd betaald om iets te doen waarvan ik nooit het geld zag.

Dus bij haar zijn en leren hoe geld te hebben, het op een pragmatische manier getuigen van briljantheid, heeft mijn realiteit geïnfiltreerd op manieren die me hebben doen denken, voelen, weten, zijn en meer geld ontvangen – en beter worden in het nemen van beslissingen met geld, gewoon door simpelweg in haar aanwezigheid te zijn en te observeren en te kijken, zelfs tot het punt van: "Ik ga geen Wi-Fi op een vliegtuig nemen, omdat het $7 extra kost."

En ik denk, "Oké, als iemand die geld heeft dat niet wil doen, wat is dat? Wat is dat echt?" Het is geen oordeel – niet zoiets als, "Ze is gierig."

Ik moet echt naar dit alles kijken en zeggen: "Oké, moet ik overal in eerste klas of business class reizen? Vindt mijn lichaam dat gewoon fijn?"

Het zijn gewoon al deze verschillende dingen die ik heb geleerd dankzij haar.

Dus, wie zou je nu zijn nu je weet dat je je eigen financiële werkelijkheid kunt creëren? Wie zou je zijn? Wat zou je doen en hoeveel zou je genereren en creëren? Waarheid?

Wanneer je dit boek vandaag neerlegt, schrijf dan 25 dingen op over wat jouw financiële werkelijkheid is. Creëer deze vervolgens elke dag gedurende de volgende dertig dagen. Neem elke dag een actie om het te creëren gedurende de volgende dertig dagen. Neem nog een actie, creëer het gedurende de volgende dertig dagen.

Wees jezelf, verbind je aan jezelf, kies voor jezelf en werk samen met het universum dat erop uit is je te zegenen, en creëer dan vanuit daar. Dat is wat ik radicale levendigheid noem. Je kunt hier meer over leren in mijn andere twee boeken – *Radically Alive Beyond Abuse* en *Creating After Abuse.*

26

DOORBREEK DE SYSTEMISCHE LEUGENS

Net zoals we al deze leugens op individueel niveau vertellen, voelen we ook leugens op een systemisch niveau. Interessant genoeg wees een van de deelnemers aan mijn workshop in San Francisco erop:

"Er is een leugen wanneer je in het Amerikaanse dollarsysteem zit. We hebben geld nodig en we gebruiken geld, maar de valuta die ze creëren en steeds meer bijdrukken vanwege de Federal Reserve en de schatkist is eigenlijk fraude die tegen ons gepleegd wordt, omdat het onze toekomst en die van de volgende generatie in schuld steekt. Het is buitensporige uitgaven. We zitten in biljoenen dollars schuld.

Waarmee is die energie verbonden, waarbij we deze papieren dollars voor ons werk ontvangen, een promesse, maar dat is een leugen. In 1971 was het verbonden met de goudstandaard. Maar ze hebben dat verstoord en drukken geld alsof het niets is, en nu zijn we op een punt in de wereld waar..."

Ik begreep wat ze zei, er zit veel waarheid in. Maar de zorg was hoeveel van wat ze zei ze belichaamde als haar weerstand en reactie tegen het ontvangen van geld en het tonen daarvan op haar bankrekening?

Dat is hoe ze die daden tegen zichzelf gebruikte.

Hoewel ze de waarheid sprak, was ze eigenlijk een deel van het probleem geworden door zichzelf niet toe te staan te hebben wat van haar is en wat ze kon bijdragen aan het ontmantelen daarvan, aan het veranderen van deze wereld, aan het uitbannen van Monsanto, als ze geld had.

We elimineren en uitroeien misbruik op deze planeet door geld te hebben en te gebruiken om realiteiten te veranderen. Als je niet ontvangt, word je deel van het probleem, niet de oplossing.

We moeten om ons heen kijken en de veranderaars zijn in ons leven. Voor mij zorgt mijn financiële werkelijkheid voor mijn lichaam. Dat is een groot werk in uitvoering geweest door naar mijn lichaam te luisteren. Mijn financiële werkelijkheid is hebben. Mijn tien procent keer drie rekening: lichaam, bedrijf en zelfrespect rekening. Het idee is om dertig procent van elke verdiende en uitgegeven dollar te sparen – te ontvangen – in een aparte rekening voor lichaam, bedrijf en zelf.

Mijn financiële werkelijkheid betekent dat ik de hele wereld over zal reizen, waar ik ook word uitgenodigd om lessen te geven. Mijn financiële werkelijkheid doet een Voice America-radioshow die een liefdeswerk is en ergens tussen de dertigduizend en vijftigduizend dollar per jaar kost. Het is een gratis bron omdat ik weet dat als ik dat telefoontje krijg vanuit Dubai, Pakistan, India, Australië, Hong Kong, Israël, of waar dan ook, en ik één persoon uit hun kooi van misbruik naar radicale levendigheid help – hun trauma transformeer naar een orgasme-achtige levendigheid – dan weet ik dat ik dat land en dat land heb aangeraakt.

Ik weet dat het internet overal toegankelijk is, en ik zal niet stoppen zolang dat nog steeds deel uitmaakt van mijn financiële werkelijkheid.

Hoeveel van wat ik heb gezegd gaat over geld? Dit hoofdstuk is een herinnering om je realiteit te creëren. Dit boek is om jezelf te ontvangen als een geschenk. Financieel gezien is jezelf ontvangen als een geschenk een vorm van zelfliefde. Zelfliefde is de redder van mijn financiële werkelijkheid. Werken om te hebben, te ontvangen, te sparen, te garanderen en mijn hele realiteit te creëren vanuit authenticiteit en oprechtheid is het hoogste doel van mijn spirituele leven. En eerlijk gezegd, ik kies ervoor om Radically Alive te leven, vrij van beperkingen die nooit van mij waren. Hoe zit het met jou, beste lezer? Wat is jouw financiële werkelijkheid?

Heel erg bedankt voor je tijd. Voor degenen onder jullie die ik voor het eerst heb bereikt, dank je voor het lezen. Voor degenen die ik heel goed ken, dank je. Ik waardeer je tijd. Ik waardeer je aandacht. Ik waardeer jou.

Ik hoop dat je dit vruchtbaar vond. Ik hoop dat ik een bijdrage voor je was, en ik hoop zeker je reacties over deze lezing te horen.

Wees jezelf! Voorbij Alles! Creëer Magie! en Ga, Wees, Creëer!

NAWOORD

In de inleiding vertelde ik je dat je een goudmijn in handen had, en ik hoop dat je nu ziet waarom.

De waarheid is dat er simpelweg geen reden is waarom je niet al het geld kunt creëren dat je wenst, als je de moed en bereidheid hebt om onder de motorkap van je eigen financiële realiteit te kijken. In dit boek heb ik je een manier getoond en gereedschappen gegeven om te beginnen met het onderzoeken van drie leugens over geld.

De eerste leugen is dat geld god is en jij minder bent.

De tweede leugen is dat geld jouw dader is, je eeuwige cipier, en dat je het niet kunt bezitten.

De derde leugen is dat geld een probleem is.

En hoewel dit zeker niet alle leugens over geld zijn, is het genoeg om mee te beginnen.

Onthoud, je hoeft maar één graad te verschuiven, toch?

Ik weet zeker dat je hebt gemerkt dat er veel, veel diepgaande vragen zijn die je jezelf kunt stellen om te ontcijferen wat er met je gaande is rond geld. Ik hoop dat je die vragen gedurende het lezen aan jezelf hebt gesteld, of hebt gemarkeerd om later opnieuw te bekijken.

(Als je dat echter niet hebt gedaan, of als je meer hulp hiermee wilt, kijk dan eens naar de bijlage waar ik andere beschikbare hulpmiddelen heb vermeld. Er zijn er een overvloed aan, en ze zijn allemaal ontworpen om je te helpen door te breken naar je eigen ROAR® – je radicaal, orgasmische, levendige realiteit.)

Wanneer je vastloopt en jezelf eruit wilt helpen, begin dan jezelf deze drie essentiële vragen te stellen:

- *Wie ben ik aan het zijn?*
- *Wat ben ik aan het zijn?*
- *Welke leugen geloof ik die ik als waar heb aangenomen?*

Als je vervolgens de waarheid voor jezelf ontdekt en je energie bevrijdt, zul je verder willen gaan in je leven met de "4 C's":

- Verbind je aan jezelf
- Kies voor jezelf
- Het universum spant samen om je te zegenen en wil met je samenwerken
- Creëer jezelf

Zodra je begint te kiezen wat licht en juist voor je is – en die energie volgt – zal geld je volgen vanwege wat er in jou zit.

Dus, zoals ik tegen de anderen zei...

Ik daag je dubbel en dwars uit om de wandelende, pratende tsunami of aardbeving te zijn die de realiteit verandert door jouw loutere aanwezigheid, om je ROAR® (Radically Orgasmically Alive Reality) te zijn.

Wees jezelf, voorbij alles en creëer magie.

DR. LISA!

Dr. Lisa Cooney: Een baanbreker in persoonlijke transformatie!

Als gecertificeerde Marriage and Family Therapist, Master Theta Healer en veelzijdige dynamo is zij het brein achter Live Your ROAR! Be You! Beyond Anything! Creating Magic! Dr. Lisa heeft talloze zielen begeleid op hun reis van moeilijke tijden, zoals jeugdproblemen, naar het omarmen van een "Radically Orgasmically Alive Reality" (ROAR®).

Met een doctoraat in de psychologie en een tas vol buitengewone vaardigheden, waaronder Reiki, Theta Healing, Thermometrie, Ademtherapie, Psychodrama, Droomtherapie, Maatschappelijk Betrokken Spiritualiteit, Hartgerichte Hypnotherapie en Dieptehypnose gebaseerd op sjamanisme, is Dr. Lisa een gecertificeerde expert.

De magie van Dr. Lisa komt voort uit haar eigen genezingsreis, waarbij ze niet alleen jeugdproblemen overwon, maar ook een levensbedreigende aandoening te boven kwam. Centraal in haar transformerende teachings staan vier gouden principes: Kies voor jezelf, Verbind je aan jezelf, Werk samen met kosmische zegeningen, en Creëer het leven dat je wilt—de 4 C's voor een fantastische transformatie.

Als veelgevraagde, wereldwijd reizende goeroe geeft Dr. Lisa lessen, workshops en opwindende lezingen wereldwijd. Bekend om haar energieke mantra "Ik wil het!... Hoe dan ook!", leert Dr. Lisa mensen hoe ze de golven van magische en creatieve energie kunnen berijden voor een leven dat niet alleen licht en juist is, maar ronduit heerlijk.

Je kunt haar levendige aanwezigheid vinden in haar eigen show op het Voice America Empowerment Channel, waar ze wekelijks duizenden enthousiaste luisteraars bereikt. Je kunt ook haar andere internationaal succesvolle boeken lezen, waaronder *Radically Alive Beyond Abuse* en *Creating After Abuse*.